2025년 부동산과
부동산 금융의 미래

2025년 부동산과 부동산 금융의 미래

인쇄 | 2019년 10월 5일
발행 | 2019년 10월 9일
저자 | 여의도 김박사
발행인 | 김상일
발행처 | 혜성출판사
발행처 주소 | 서울시 동대문구 신설동 114-91 삼우 B/D A동 205호
전화 | 02)2233-4468 FAX | 02)2253-6316
표지·본문디자인 | 오영아
출력 | 인화씨앤피
인쇄 | 조일인쇄
등록번호 | 제6-0648호
E-mail : hyesungbook@live.co.kr

정가 20,000원

ISBN 979-11-86345-41-2 (03320)

＊ 이 책의 무단복제 또는 무단전재는 법으로 금지되어 있습니다.

2025년 부동산과
부동산 금융의 미래

| 여의도 김박사 지음 |

혜성출판사

시작하며

부동산 공화국

한국 사람들은 부동산에 아주 민감합니다. 자기의 모든 재산 중에 평균 70% 이상이 부동산 일 정도로 많은 비중을 차지 합니다.

결혼한지 얼마 안된 신혼부부들의 꿈도 자기집을 가지는 것이라고 합니다. 그래서 집값이 오르고, 내리는 것에 아주 민감합니다.

그런데 자기가 살집이 아니라 재화로 인식해서 재산의 증식으로 집을 장만하려는 목적이다 보니, 사는 곳의 주변 환경보다 집값에 영향을 줄 것을 신경 쓰지요.

어느 동네에 청년 임대 아파트가 건축된다고 하면, 집값이 떨어진다고 반대를 합니다. 대학교 근처에 사는 사람들은 대학생을 대상으로 임대장사를 하여야 한다고 대학교에서, 기숙사를 지으면 몰려가서 반대를 합니다.

  청년들이 주거비로 많은 비용을 지불해, 3포, 5포 시대가 되어도 내 재산만 보존되면 그 뿐이라는 생각을 합니다.

  대학생들이 많은 자취비용을 지불하고 대학생 시절부터 학자금 융자를 받아 오랜 기간 빚쟁이로 사회생활을 시작하는 현실에도 내 건물의 임차인이 없어질 것이 두려워 기숙사 확충을 반대합니다.

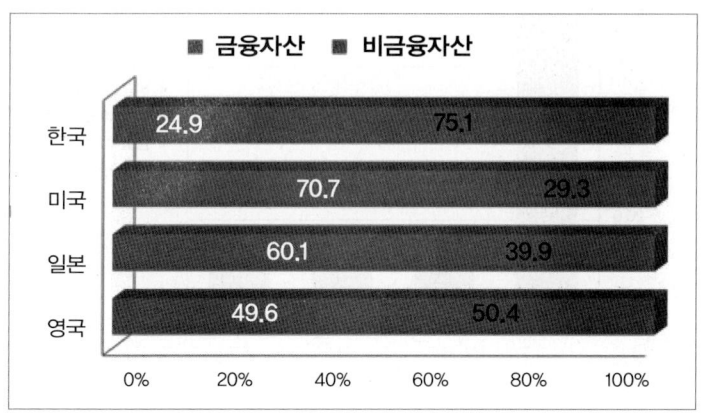

그래서 우리나라를 부동산 공화국이라고 하지요.

자원이 없고 우수한 노동력을 기반으로 수출을 해서 전세계 10위권의 나라가 되었고, 소득 3만불을 돌파한 나라가 되었지만 정작 우리나라는 생산성 투자와 비 생산성 투자의 비율이 세계에서 하위권입니다.

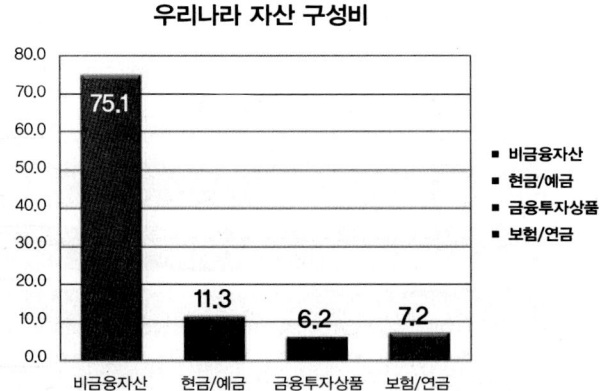

우리나라의 투자 자산의 비율을 보면 이렇게 선진국 반열에 오른 것이 신기할 정도입니다.

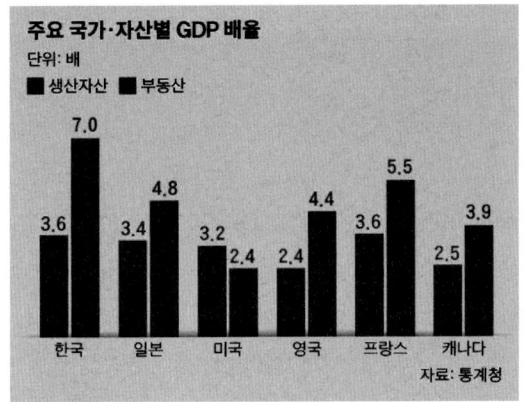

※ blog.naver.com/daniel907에 저자의 많은 포스팅을 통해 저자의 경제학, 부동산학, 사회학에 대한 철학을 접할 수 있다.

차례

시작하며 4

1 chapter 금융의 역사

인간과 경제의 역사 (창조적 파괴) 14
르네상스와 금융업 17
지급준비율과 신용 창조, 뱅크런 21
돈은 빚이다 24
돈과 화폐의 정의 26
자본주의의 변화 29

chapter 2 부동산과 거시경제

경제지표와 부동산 36

토지 40

사람들은 왜 돈을 토지로 바꾸려 할까 45

부동산 투자와 국가경제 48

Not buying but living 53

거시경제와 부동산 가계대출 57

가계대출과 부동산 61

기준금리와 부동산 68

유동성과 부동산 72

투자자의 이탈과 부동산 78

주택가격지수와 부동산 상승장 83

인구 오너스와 보너스 92

Baumol's Disease(보몰의 병폐) 98

chapter 3 부동산 시행업

부동산 금융의 역사 104

시행업의 종말 107

시행업과 확증 편향 110

부동산과 심리학 115

인구와 부동산 **120**

생산 가능 인구와 부동산 **126**

가처분 소득과 부동산 **129**

부동산과 행동경제학 **135**

부동산 하락과 민스키 모멘트 **139**

chapter 4 부동산 PF

자금이 조달되는 과정과 금융의 3가지 요소 **146**

프로젝트 파이낸싱(PF) 이란? **149**

PF의 종류 (증권사, 책준, 저축은행, 개발신탁) **154**

신탁사 책임준공 확약 **163**

다양한 부동산 금융 (브릿지론, 중도금, ABL, 미분양 담보대출) **171**

펀드와 리츠, 그리고 P2P **180**

증권사 PF의 몰락과 펀드&리츠 시대 **186**

리츠 전성시대 **194**

일본과 세계 리츠 **198**

chapter 5 부동산 금융의 미래

LTV vs STV **206**

투자의 목적 **209**

사회적 기업의 대안 **218**

1인 가구 **227**

청년 그리고 우리 **232**

청년임대주택 **244**

자본주의의 善 **250**

가치주의 시대 **257**

chapter 6 부동산의 가치주의

세계의 주택정책–싱가폴 **262**

세계의 주택정책–독일 **273**

도시 재생 **279**

르코르뷔지에 아파트의 아버지 **283**

지방 소멸, 그리고 빈집 **286**

통일 **293**

공평과 공정 **300**

살아남는 자 강한자란 **303**

열매 맺지 못하는 곳에 씨를 뿌리지 말라 **306**

기정 정세권, 한국인 최초의 가치주의 디벨로퍼 **310**

chapter 1

금융의 역사

인간과 경제의 역사 : 창조적 파괴

인간은 역사적으로 구석기, 신석기를 거치면서 수렵, 사냥에서 정착을 통해 농사를 짓기 시작했고, 잉여시간과 잉여 식량으로 갑자기 인구가 늘어나기 시작했습니다.

많은 노동력을 지배하기 위하여 종교와 윤령이 필요했고, 이후 지배 계급과 노동 계급이 탄생했고, 그것이 부와 신분의 차별을 가져오게 되었습니다.

호모 사피엔스가 탄생한 이후 1만년전부터 메소포타미아, 이집트 등의 문명을 거쳐 근세까지 노동력과 토지는 모든 사회의 주요 목표였습니다.

노동력과 토지를 확보하기 위하여 전쟁이 일어났고 전쟁을 위해 화약, 청동,

철 등이 발달했고, 확보한 노동력과 토지의 생산성을 극대화하기 위하여 다양한 도구가 요구되어 청동기, 철기의 발달이 일어났습니다.

1만년 인구의 역사가 단 1백년 동안에 이루어져 지난 세월의 생산력이 최근 1백년의 생산력보다 못할 정도로 인류는 빠르게 성장하고 발전하였습니다.

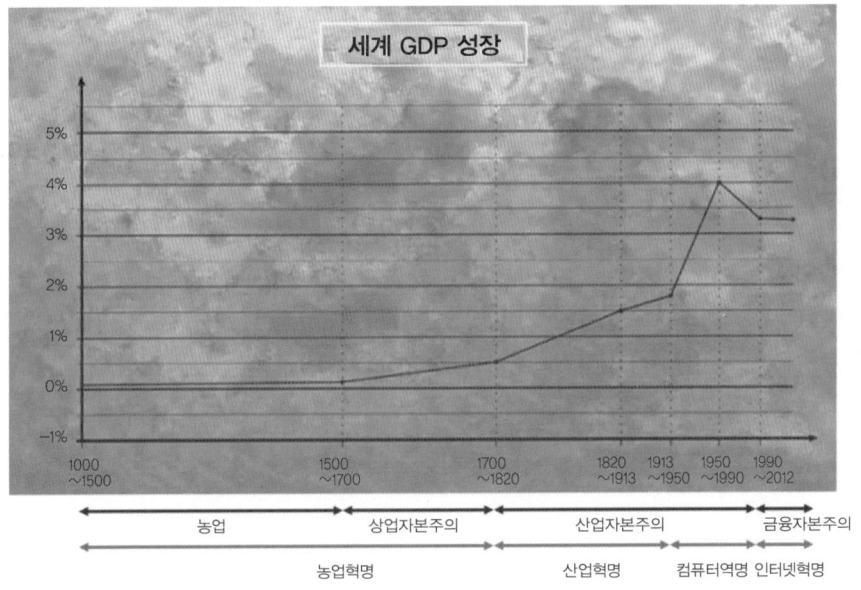

인류의 역사는 토지와 노동력을 확보하고 생산력을 극대화하기 위한 생산기구의 발달의 역사라고 볼 수 있습니다.

• 인간과 경제의 역사 : 창조적 파괴

그 생산기구가 돌, 나무, 청동, 철에서 증기기관, 전신, 전기, 인터넷, 스마트폰으로 계속 진화했습니다.

다만 그 발전의 순간은 죠지 슘페터가 말한 창조적 파괴의 과정이었습니다. 죠지 슘페터는 창조적 파괴란 말 1필로 끌던 마차의 이동 능력을 높이기 위하여 말 5필로 끄는 마차를 만드는 것이 아니라, 증기기관차를 만들어 마차 자체를 없애 버리는 것이라고 합니다.

생산 기구가 공존하는 것이 아니라, 새로운 생산기구가 이전의 생산기구를 파괴하는 과정으로 발전해 왔다는 것이지요.

다만 이 창조적 파괴의 시간이 점점 빨라지고 있습니다.
몇 백년이 걸리던 발전이 몇 십년으로 단축되었습니다.

르네상스와 금융업

앞서 말한 듯이 중세 시대는 토지와 노동력을 확보하기 위한 끊임없는 침략과 약탈의 암흑기였습니다.

14-16세기 이탈리아의 르네상스 시절 본격적인 금융업이 발달하기 시작했습니다.

로마 가톨릭 시대에는 돈을 빌려주고 이자를 빌려주는 것을 엄격히 금지했습니다. 이런 대부업을 하면 지옥에 간다고 했지요. 그래서 대부업은 유일하게 유대인만이 할 수 있었고, 이를 묘사한 것이 바로 셰익스피어의 베니스의 상인입니다.

이들은 영어로 벤치를 뜻하는 단어인 이탈리아어 방코 (banco)에서 대부업을 했는데, banco가 현대에 bank로 진화한 것이지요.

이런 대부업이 은행업으로 진화한 것에 큰 기여를 한 가문이 있는데 이들이 바로 메디치家입니다. 르네상스를 주도하고 지원한 가문입니다. 교황과 왕비를 몇 명식 배출하고 이탈리아의 국부로 추앙을 받았습니다.

이들이 당시 베니스를 중심으로 빈번한 외국과의 교역에서 환전 서비스를 하고 일정 수수료를 받았는데, 이것이 최초의 합법적인 이자를 받는 금융업이었던 것이지요.

그리고 당시 르네상스 시대는 이탈리아의 도시국가가 난립하고 있었으며, 도시국가 간에는 끊임없는 전쟁이 일어났습니다. 이 전쟁 자금을 조달하기 위해 도시국가는 시민에게 세금을 더 거두어 들이기 보다 시민들에게 지불보증서를 써주고 이자를 지급하며, 자금을 조달했지요.

시민들에게 제공한 지불 보증서가 바로 채권의 시작이었습니다.

이렇게 르네상스 시절인 14-16세기에는 이탈리아를 중심으로 문화혁명이외에도 채권, 대부업등의 금융업이 탄생하게 되었지요.

이후, 단순한 전쟁으로 토지와 노동력을 확보하던 시절에서 17세기초 영국과 네덜란드의 동인도 회사가 설립되면서 먼 항해를 통해 인도에서 향신료를 수입하여 판매하였고 동양과 유럽을 육로로 연결하여 향신료 등 물품 공급을 독점하던 이탈리아에서 항해를 중심으로 하는 영국과 네덜란드로 그 패권이 넘어오게 됩니다.

몇 달이 걸리고 위험한 먼 바다의 항해는 실패의 확률이 높아지자, 이 실패에 대한 리스크를 분산하기 위하여 여러 사람에게 항해의 비용을 충당하는 주식회사가 생기게 되었고, 주식회사의 주식을 사고 팔 수 있게 되면서 주식시장이 등장하게 되었습니다.

이런 금융업이 발달하게 되자, 항상 리스크가 발생하게 되었고 이 리스크를 회피하기 위한 노력이 발생하였습니다.
리스크 중 최고의 리스크는 바로 죽음이었고, 전쟁에 나간 가장이 죽으면 한 가족이 어려움에 처하는 것을 알고 18세기초 스코틀랜드 성직자들이 만든 것이 바로 보험이었습니다.

채권시장의 비약적인 발전은 19세기초 영국과 프랑스 나폴레옹의 전쟁인 워털루 전쟁에서 군자금을 지원했던 로스차일드 가문으로부터 시작되었고, "사람들이 너희를 사랑하기 보다 두려워하게 만들라"는 로스차일드 가문이 세계적인

• 르네상스와 금융업

금융가문으로 탄생하는 계기가 되었습니다.

14-16세기	17세기	18세기	19세기	20세기
르네상스시대 채권의 탄생 대부업(금융업)의 탄생 메디치 家	상업주의 주식의 탄생 동인도회사	워털루 전쟁 채권 시장 탄생 보험의 탄생 로스차일드 家	산업자본주의 산업 혁명 자본주의 탄생 애덤 스미스, 칼 막스	금융자본주의 컴퓨터 혁명 인터넷 혁명 케인즈, 하이에크

지급준비율과 신용 창조, 뱅크런

16세기 영국에서는 상업주의의 초기 단계로 상인들에게 지불수단이 필요했습니다. 당시에는 금이 유일한 지불 수단이었습니다. 그래서 상인들은 무거운 금을 휴대하기 좋은 금화로 금 대장장이 (Gold Smith)에게 의뢰했습니다. 금화 또한 휴대하기에 위험하다 보니, 대장장이의 금고에 보관하고 보관증만을 가지고 다녔고 이 보관증이 금 대신에 유통되기 시작했습니다. 일종의 어음이었던 것이지요. 그러자 대장장이는 금은 항상 자기 금고에 있고 사람들은 보관증으로 거래를 하는 것을 알고 금을 맡긴 사람이 한꺼번에 찾으려 하지 않는 다는 점을 이용하여 보관된 금보다 몇배 많은 보관증을 남발하기 시작했습니다.

하찮은 대장장이가 돈을 많이 버는 것을 의심한 사람들이 한꺼번에 대장장이에게 몰려가 맡긴 금을 달라고 했습니다. 보관증은 보관된 금보다 몇배가 많았기에 대장장이는 거짓말이 들통나고 파산하게 되었습니다. 이것이 바로 현대의 뱅크런입니다.

그런데 당시 영국 정부는 외국과의 전쟁으로 군사들에게 지급할 급료로 금이 많이 필요했습니다. 그래서 대장장이에게 합법적으로 보관된 금의 3배를 보관증으로 발급할 수 있게 허가를 해주었고 이를 Chartered라고 합니다.
우리말로는 인증된, 허가된이라는 뜻이고 스탠다드 차터드은행의 어원입니다.

뱅크런은 은행에 돈을 맡긴 사람들이 은행에 일시에 돈을 찾고자 하면 은행은 보관하고 있는 돈이 모자라서 파산하게 됩니다. 저축은행 사태당시 일어난 것이 저축은행에 돈을 맡긴 사람들이 일시에 돈을 인출하려고 해서 발생한 것이고, 자기가 맡긴 돈 중 5천만원까지만 정부가 보증을 하니, 나머지는 잃어버리게 되는 것이지요.

3배의 보관증을 발급하기 위해 준비해야 되는 금의 양이 현재 은행의 지급준비율입니다.

현재 미국은 10%, 한국은 4-5%입니다. 즉 예금자가 100억원을 예금하면 은행은 미국의 경우 10억원만을 보관하고 나머지 90억원을 대출할 수 있습니다.

그리고 90억원이 예금되면 다시 9억원을 예치하고 81억원을 대출할 수 있습니다. 이것이 계속되면 10억원이 100억원의 대출금으로 둔갑하게 됩니다. 이렇게 100억원이 1000억원의 대출금으로 변화하는 것을 신용창조라고 합니다.

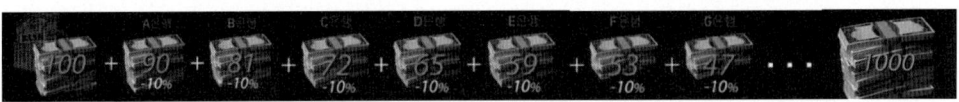

• 지급준비율과 신용 창조, 뱅크런

돈은 빚이다

현재의 금융시스템에서는 빚은 절대로 갚을 수 없고 점점 빚이 늘어만 갑니다. 이를 잘 설명한 경제학자가 있는 데 바로 로저랭그릭(Roger Langrick)입니다.

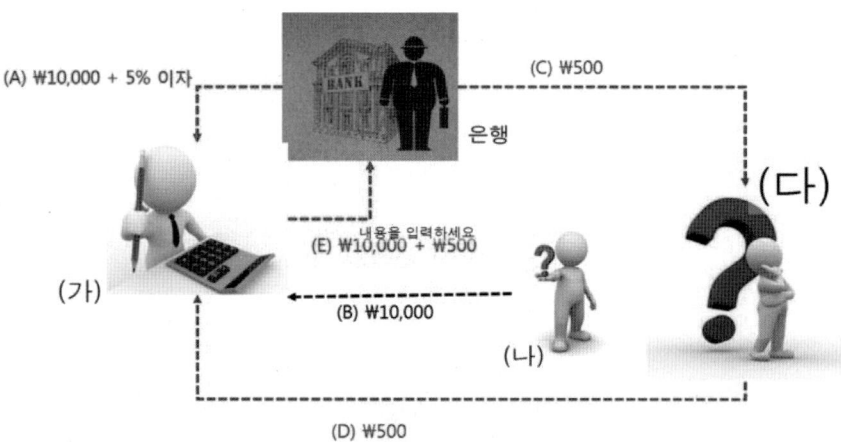

- 주위와 고립된 독립적인 경제체제를 가지고 있는 사회가 있습니다.
- 은행이 (가)에게 발권을 해서 10,000원을 이자 5%에 빌려주고 1년 후에 상환하라고 합니다. (이제 이 사회에 있는 통화량은 10,000원이 전부임)
- 돈을 빌린 (가)는 10,000원으로 (나)에게서 기계와 장비를 사고 물건을 만들어서 다시 (나)에게 팔아 10,000원을 벌었습니다.
- 그런데 이자 500원을 갚을 돈이 없습니다. 왜냐구요? 500원은 이 사회 어디에도 없기 때문이지요. 애초에 10,000원 만을 찍어 냈기 때문입니다.
- 그래서 은행은 다시 (다)에게 500원을 이자 5%에 빌려줍니다.
- (가)가 물건을 (다)에게 팔아 500원을 벌어 은행에 상환 합니다.
- 그러면 (다)는 어떻게 원금 500원과 이자 5%를 어떻게 갚을 수 있나요? (이 사회의 통화량은 500원이 전부인데)
- 다시 누군가가 대출을 받아야 하는 것이지요.
- 이렇게 돈(화폐)은 끊임없이 이자 때문에 (은행의 수익 때문에) 누군가에게는 빚을 만들어야 하는 것입니다.

이렇게 화폐가 지급의 수단 (유통가치) 때문에 빚을 만들어 냅니다. 이 빚은 사회가 유지되고 은행이 망하지 않는 한 끊임없이 만들어지고 신용창조 때문에 통화량은 계속 늘어나 화폐의 가치를 떨어뜨리고 물가를 오르게 하는 것입니다.

따라서 우리가 지고 있는 빚은 절대로 없어지지 않으며, 우리 빚을 갚기 위해서는 누군가는 새로운 빚을 얻어야만 하는 것이지요.

• 돈은 빚이다

돈과 화폐의 정의

영어로 돈은 MONEY, 화폐는 CURRENCY라고 합니다.
이 둘은 혼동해서 사용하지만 같지 않습니다.

돈은 말 그대로 본질적 가치를 지니며, 교환의 가치가 있는 것을 의미하고

화폐는 본질적 가치는 없으며, 상호간의 신뢰에 의해 표시된 액수를 약속하는 것이지요.

위의 달러는

1	2	3	4
30-40 years	30 years	28 years	39+ years
1880 1900	1920 1940	1960	1980 2000 2020

(1) 처음에는 화폐와 금이 1:1로 보증되었다가. (20달러 = 2온스)

(2) 이후 30년은 세계전쟁으로 화폐의 표시의 40% (50달러 = 2온스)만을 보증했던 시기이고 유럽에서 금이 미국으로 건너오고 많은 물자가 유럽으로 수출된 시기입니다. 또한 전쟁이후 독일의 하이퍼 인플레이션이 발생한 시기이지요

(3) 28년동안 브래튼 우드 체제에 의해 달러가 기축통화가 되었고, 금 1온스가 35달러로 교환되는 시기였습니다.

(4) 이후 한국전쟁, 월남전쟁 등으로 미국이 달러를 마구 찍어내자 유럽의 국가들이 달러를 주고 금을 돌려 달라고 하였고 닉슨 대통령이 금본위제를 폐지합니다.

이후 달러는 단순히 미국 재무부 장관이 보증하는 종이 일뿐 그 자체가 교환가치를 가지지 못했습니다.

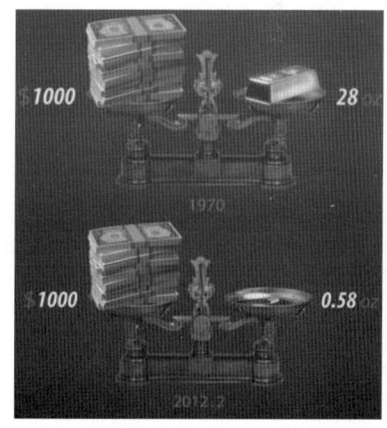

1970년에는 1천불을 주면 28온스를 살 수

있던 금이, 2012년에는 고작 0.58온스밖에는 살 수 없게 되었지요. 즉, 화폐가치는 물가가 오르면 계속 하락하게 되고 본원 통화의 가치를 가진 금값은 계속 오르게 되지요.

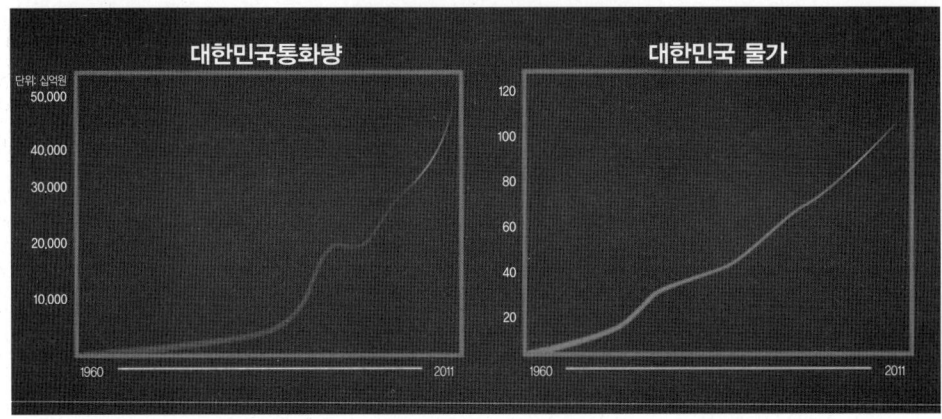

자본주의 변화

농경사회에서 상업주의로 산업자본주의로 발달하던 자본주의는 이제 금융자본주의로 변화하였습니다.

농경사회에서는 물물교환이 성행하였고, 생산된 곡식을 추수하여 팔면 되었습니다. 하지만 토지에서 수확할 수 있는 생산량은 그 한계가 있었지요.

이후 상업이 발달하면서 화폐라는 것이 필요했고, 금화, 은화 등이 그 화폐를 대신하였습니다.
그리고 증기시대를 맞이하여 산업자본주의 시대가 도래하였고 대량 생산이 가능한 시대가 되었습니다.

산업자본주의 시대의 모토는 "많은 물건을 생산하는 이유는 엘리자베스 여왕에게 실크 스타킹을 신게 하기 위해서가 아니라 공장에서 일하는 여공들도 실크스타킹을 신게 할 수 있게 하기 위해서다" 입니다.

즉, 대량생산으로 물건 값이 하락하자, 누구나 쉽게 좋은 물건을 소비할 수 있는 시대가 되었고 이때부터 자본주의가 본격적으로 발달 하게 됩니다.

자본주의의 국부라고 불리우는 애덤 스미스가 국부론을 집필하여 자본주의 구성과 발전 과정을 주장하였습니다.

그리고 칼 마르크스가 등장하여 자본주의 폐해를 주장하였지요.
자본가가 노동자를 갈취하여 결국 노동자는 소비할 여력이 없어지고 소비가 둔화되어 더 이상 자본가도 소비자인 노동자도 모두 파멸되는 공황이 올 것이라고 경고를 했습니다.

이후 세계 2차 대전과 1929년 세계 대공황을 격변기를 지나면서, 그 동안 정부, 기업, 가계의 경제주체중에 정부가 나서서 경기를 부양하고 세금으로 다양한 국채사업을 진행하여 노동자들의 수요 (유효수요)를 높여서 소비를 활성화하도록 하여야 하고 소비가 진작되면 기업이 다시 가동하여 일자리가 창출되는 선순환의 구조를 만들어야 한다는 케인즈의 수정자본주의가 득세를 합니다.

1970년대 들어서 오일쇼크 이후에 스태그플레이션(경기는 불황인데 물가는 오르는 현상)이 발생하자 지난 30년간 이어져온 케인즈의 경제정책이 작동을 하지 않았고, 하이에크의 신 자유주의 정책이 득세를 합니다.

너무 많이 소비하고 너무 많이 투자하여 경제 공황이 왔다는 하이에크의 주장은 대처리즘, 레이건 노믹스의 근간이 되었고, 그 동안 방대하게 정부가 소유하고 운영하였던 기간 산업 및 국영기업들이 모두 민영화되어 정부에서 경제주체가 민간으로 넘어가는 시대가 도래합니다.

이후 30년동안 세상의 경제를 지배하던 신자유주의는 2000년대에 들어서면서 막을 내리게 됩니다. 더 이상 생산을 해도, 소비가 둔화되는 세계적인 현상에 생산=경제성장의 공식이 무너지자, 이제는 화폐의 가치를 하락시켜 경제성장을 이루는 즉, 명목경제성장만을 추구하는 체제가 되었습니다.

즉 생산하면 빚으로 소비를 하는 양적완화의 시대가 열린 것이지요. 마이너스금리가 고착화되고 모든 것이 금융의 빚으로 작동하는 시대가 열린 것입니다. 우리는 이를 금융자본주의라고 부르지요.

금융대란이 일어난 2008년 전세계의 자산 규모는 다음과 같습니다.

GDP : 47조달러

증권 + 채권 : 119조달러

파생상품 : 471조달

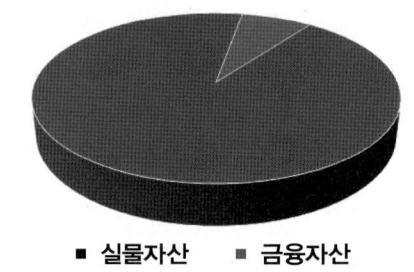

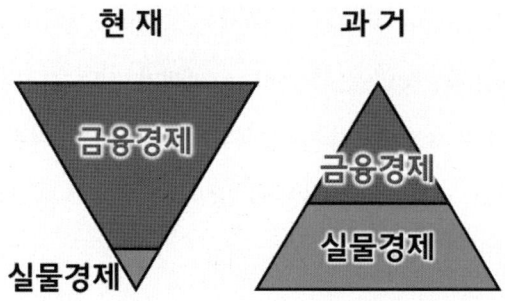

1950년과 2015년을 비교하면 실질 GDP는 8배 상승했는데 명목 GDP는 55배 상승했습니다.

즉 실질 생산과 소비는 1950년에 비해 8배 밖에는 상승하지 않았지만 화폐가치 하락으로 55배 상승한 지표 결과가 나온다는 것이지요.

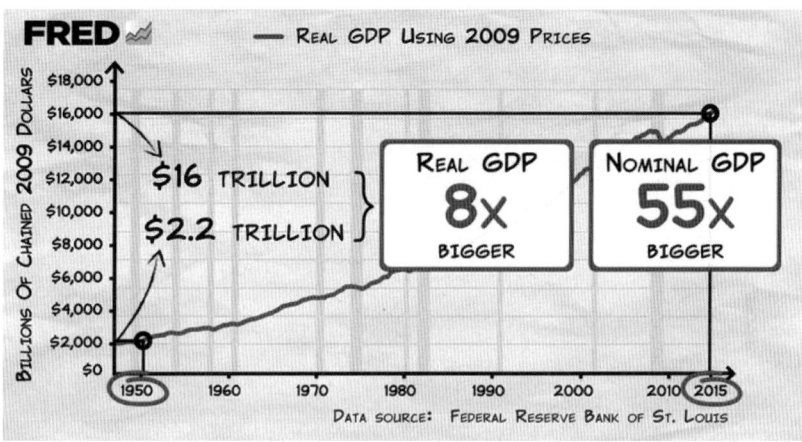

더 많은 빚으로 경제가 유지되고, 더 많은 빚으로 인해 화폐의 양이 많아지고 그로 인해 화폐가치는 날로 떨어지는 현재는 금융자본주의 시대인 것이지요.

chapter 2

부동산과 거시경제

경제지표와 부동산

연일 우리 나라 경제지표가 암울하다고 합니다.

하지만 저는 자연적인 현상이라고 생각합니다.

지난 30년간 우리나라의 경제성장율과 최근 30년간의 경제성장률 비교입니다.

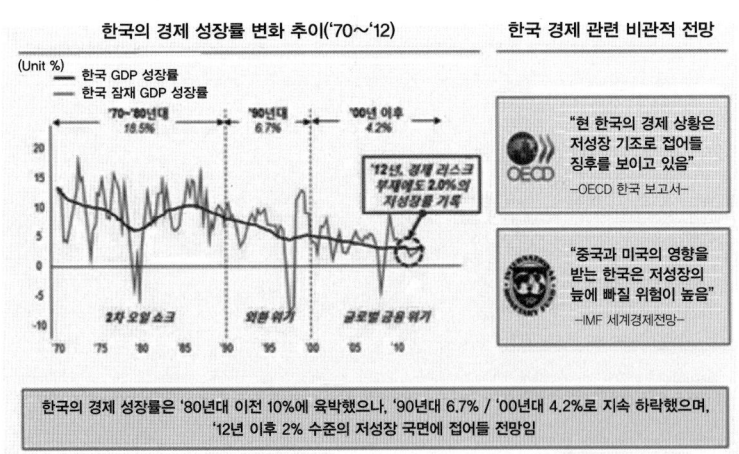

지난 70-80년대는 생산<소비여서 만들고 지으면 모두 소비되는 시대였습니다. 한국이 개발도상국이었지요.

최근 90-00년대에는 생산=소비의 시대였습니다.

그런데 2010년이후, 2020년대에는 생산>소비의 시대입니다.

이제는 만들어도 팔리지 않는 시대입니다. 특히 인구가 감소하고 있지요.

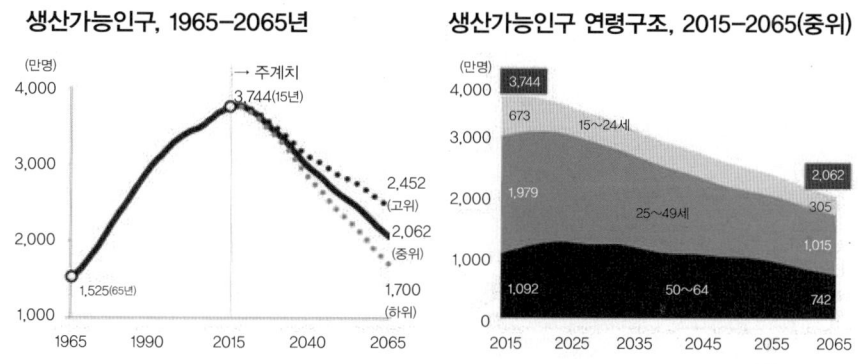

따라서 지난 과거와 앞으로는 완전히 다른 경쟁의 시대입니다.

경제성장률이 낮아지는 것을 받아들이고 그 상태에서 우리가 경쟁력을 유지하기 위해 어떻게 해야하는 지를 고민해야지, 과거에 이런데 현재는 왜 이러냐고 한탄하고 있으면 문제가 있지요.

• 경제지표와 부동산

< 3만 달러 시기 거시경제 지표 비교 >

국가	경제성장률	물가상승률	실업률	정부부채	경상수지
미국	3.9	2.4	5.3	88.1	-1.7
영국	2.9	1.2	5.1	36.0	-2.2
독일	1.2	2.3	8.6	52.8	-1.0
프랑스	1.7	2.0	8.6	63.3	1.6
이태리	1.0	2.4	7.9	101.4	-0.7
일본	1.9	2.0	2.3	71.0	2.4
한국	2.8	1.6	3.6	40.3	5.2

위의 표는 1인당 국민소득이 3만달러로 진입할 당시 각국의 경제상황입니다. 우리나라는 다른 나라보다 다행히 훨씬 좋은 경제지표를 보이고 있지요.

2018년 IMF발표기준 세계 GDP 순위입니다.

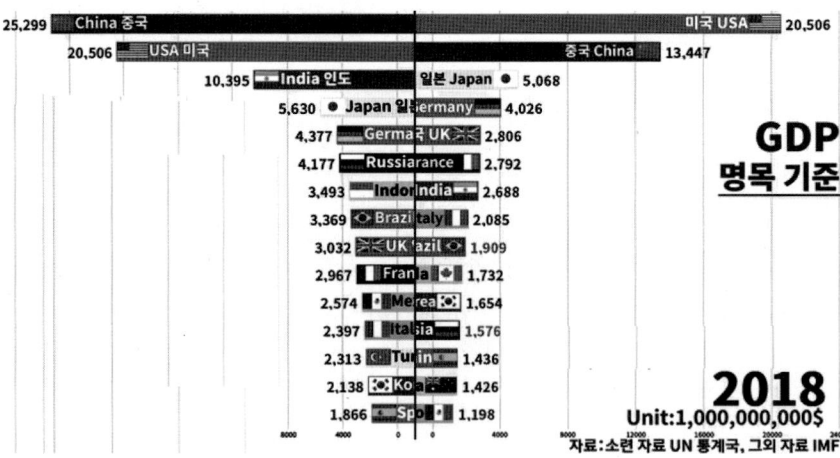

2025년 부동산과 부동산 금융의 미래

우리나라의 GDP는 세계 11위 입니다.

그런데 여러분 우리보다 상위 10위인 나라 중 우리보다 인구가 적은 나라가 몇개인지 아시는 지요.

단 하나 캐나다 뿐입니다.

즉 우리나라는 경제지표가 나쁜 것이 아니라 자연적인 현상입니다.
그것을 아무도 느끼지 않고 받아들이지 못하는 것 뿐입니다.

• 경제지표와 부동산

토지

중국, 베트남, 캄보디아 등 사회주의 국가는 대부분 토지의 사유재산화를 인정하지 않습니다.

단지 사용권만 인정하지요. 비단 사회주의 국가뿐만 아니라 일부 자본주의 국가도 그러합니다.

이유는 여러가지이지만, 가장 원론적인 사유가 "토지는 인간이 창조하지 않았다" 라는 원칙에서 출발합니다.

토지는 지구가 만들어진 이후에 탄생하였고, 인간이 노력을 들여서 만들 수가 없으니, 그것을 개인이 소유하는 것은 맞지 않는 다는 주장입니다.

헨리조지 (Henry George)는 저서인 진보와 빈곤 (Progress and Poverty)에서 토지단일세를 주장했습니다.

그의 주장은 인구증가 및 기계 사용의 이익이 토지의 독점적 소유자에게만 귀착되어 빈부격차가 심화되고 토지는 창조된 것이 아니므로 토지 사용의 대가로 지주가 받는 모든 지대를 조세로 환원하여 사회복지 재원으로 충당하여야 한다는 것이지요. 그러면 다른 세금은 필요 없다고 주장을 하여 다른 이름으로 100% 토지단일세라고도 합니다.

그런데 공급할 수 있는 토지의 양은 제한되어 있고, 또 그 토지의 용도도 제한되다 보니, 점점 토지의 가격이 오르게 됩니다.

이에 따라 자본, 토지, 노동의 3가지중 토지의 비용이 증가하다 보니, 실제로 생산성이 떨어지는 문제가 발생하는 것이지요.

앞서 언급한 바와 같이 우리나라는 생산성 자산이 부동산의 절반 밖에 되지 않습니다.

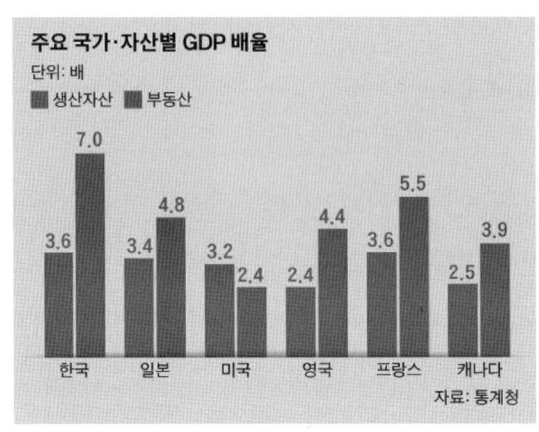

생산성이 없는 토지가 너무 가격이 올라 오히려 전체 산업의 생산성을 떨어뜨리고 있는 것이지요.

기업은 생산을 하기 위해 공장이 필요하고 자영업자는 판매를 하기 위해 건물이 필요합니다. 그런데 토지 구입비와 임대료에 너무 많은 비용을 지불하는 구조이면 생산을 하고 노동자를 고용하는 공장을 짓기가 어렵고, 종업원을 고용해서 판매를 하여야 하는 자영업자는 운영을 하기가 어렵습니다.

이 모든 것은 지나친 토지비에서 기인하고, 토지비의 지나친 상승이 우리나라 경제를 둔화시키는 주요 원인이 됩니다.

일본은 프라자 합의 이후, 높아진 엔고로 인해 일본을 팔면 미국을 살 수 있다는 말이 있을 정도로 지나친 토지비 상승이 있었습니다.

이후 부동산 버블의 종말로 자산이 크게 감소하게 되었지요.

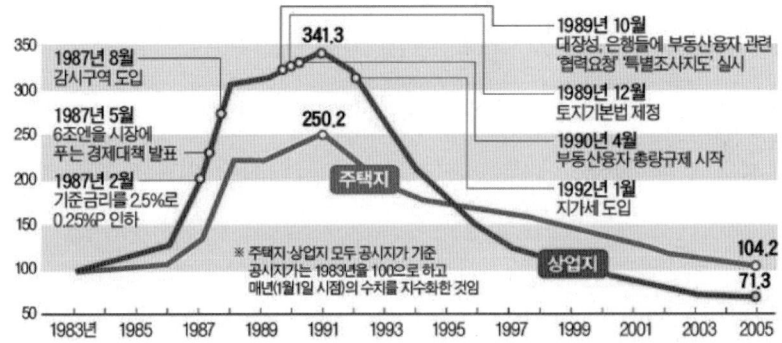

일본과 미국을 비교하면 한국은 그리 심한 버블이 존재한 적은 없습니다.

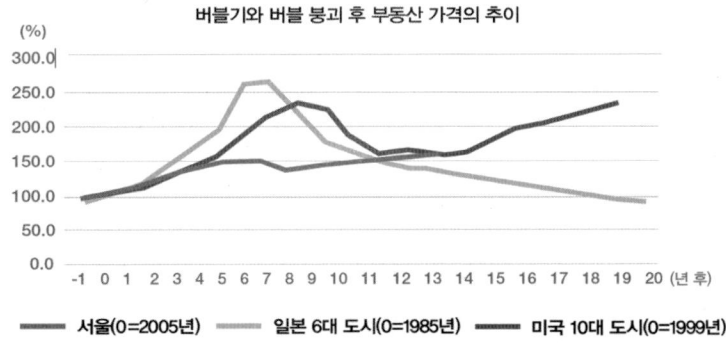

• 토지

43

일본은 1991년에 미국은 2008년에 최대의 버블이 형성되었습니다.

한국이 일본, 미국과 비교하여 커다란 버블이 없었던 이유는 일본과 미국은 기축통화를 사용하다 보니 양적완화를 통하여 통화 급팽창을 야기시킨 것이 이유이고, 한국은 그나마 통화 급팽창이 없었기 때문입니다.

하지만 우리나라처럼 수출경쟁력으로 살아남는 나라에서는 나의 자원 자본, 노동, 토지 전부를 생산성에 투자하여 효율을 극대화할 필요가 절실 합니다.

사람들은 왜 돈을 토지로 바꾸려 할까

어떤 토지이던, 그 경제적 가치는 사용의 용도에서부터 출발합니다.
주택, 상업시설, 공장 등 해당 토지의 사용 용도에서 그 토지의 가치가 창출됩니다.

또한 해당 토지의 지리적 특성과 주변 경제적 상황과의 연계성에 의해 그 가치가 달라지지요.
같은 주택 토지라도, 지방과 서울의 토지가격이 다른 이유입니다.

즉, 토지의 가치는 그 주변에서 일어나는 광범위한 경제활동에 근거합니다.

하지만 토지의 가치는 현재의 사용가치에 의해서만 결정되지 않습니다.

토지라는 것은 영속적이고 앞서 언급한 듯이 소멸하지 않기에 지배권이 존재하는 한, 미래에 제공받을 수 있는 경제적 가치를 보장받는 수단으로 여겨졌습니다.

즉, 토지는 식량과 같은 소비재를 생산할 뿐만 아니라, 일종의 자산이고, 토지 값에는 미래의 경제활동에 대한 사람들의 기대가 반영된 것입니다.

자본자산이 시간이 지나면 마모되어 소멸되는 것에 반해 토지는 시간이 가면 오히려 일반적으로 가치가 상승하는 경향이 있는 것입니다.

이런 토지의 가치 경향 때문에 사람들은 자기의 부를 토지로 바꾸려는 경향이 강한 것이지요.

또한 금융업이 변화하면 토지를 담보로 취급하는 것이 대세가 되어 토지 선호사상을 만들어 냈습니다.

2차 세계대전이후 20-30년동안 과도한 부동산 거품에 대한 우려 때문에 부동산 담보대출은 극도로 규제를 받았습니다. 그런데 1970, 80년대에 신용대출 시장이 자유화되어 은행들은 투자하려는 사업체에게 돈을 빌려주기보다 토지를 담보로 집을 사려는 사람들에게 돈을 빌려주는 안전자산 선호정책으로 정책을 변경하였습니다.

앞서 언급한 바와 같이 토지가 가지고 있는 미래 가치성과 소멸되지 않는 특성 때문에 금융적으로 딱 들어맞는 담보의 특성을 가지게 된 것이지요.

이를 뒷받침한 강력한 이론적 근거도 있었습니다. 또한 담보대출을 이용한 부동산 신용거래의 급격한 증가가 재정의 취약성을 높이고 금융위기와 오랜 불경기를 예고한다는 경제적 증거도 충분합니다.

심지어 많은 경제학자들은 토지와 신용의 순환이 자본주의 경제의 특징이며, 이것이 표준경제학에서 말하는 경기순환 보다 더 정확하다고 주장하기도 합니다.

• 사람들은 왜 돈을 토지로 바꾸려 할까

부동산투자와 국가경제

국민대차대조표는 한 국가가 보유한 전체 재산(국부·국민순자산)이 기록된 회계장부입니다.

국가가 가진 재산도 국가 경제 성장 능력을 평가할 수 있는 필수 자료입니다. 한국에선 한국은행과 통계청이 작성합니다. 국제연합(UN) 등 국제기구가 공동으로 마련한 국제 기준(2008 SNA)에 따라 국가가 달라도 같은 통계처리 방식으로 작성되기 때문에 국가 간 경제력도 이 장부를 통해 비교할 수 있지요

생산자산이란 운송, 기계, 지식, 생산물등 생산활동에 투입해 부가가치를 만드는 것을 총칭합니다.

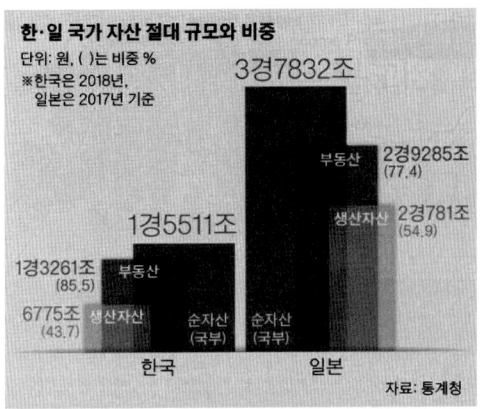

우리나라는 일본의 국부에 1/3 그런데 비중을 보면 생산자산이 43.7%인데 일본은 54.9%

부동산은 85.5%인데 일본은 77.4%입니다.

일본도 부동산의 비율이 높은 편인데 한국은 전세계에서 부동산 비율이 가장 높습니다.

다른 말로 하면 국가의 부가 생산자산에 투입되는 것이 아닌 부동산에 편중되어 있다는 것입니다.

부동산은 말 그대로 생산성이 없는 자산이므로 가장 경제발전에 도움이 안 되는 것이지요.

• 부동산투자와 국가경제

한국 국부에서 부동산이 차지하는 비중이 높은 이유는 급격한 토지가격 상승에 원인이 있고, 한국의 토지자산이 비금융자산(현금·예금·증권 등 금융자산이 아닌 자산)에서 차지하는 비중은 2013년 53.1%로 저점을 기록한 뒤 지난해 54.6%로 계속해서 상승했습니다.

비금융자산 대비 건물 비중 역시 2015년 20.7%로 저점을 찍은 뒤 계속 올라 지난해 21.4%에 달했고. 게다가 수익을 창출하는 '영업용 부동산'보다 거주 목적의 주택 자산이 늘어나는 특징도 보이고 있습니다.

부동산으로의 '자산 쏠림'은 기업에는 토지와 건물 확보 등 생산활동에 들어가는 고정비용을 늘리는 결과로 이어집니다.

한국인 국민소득이 3만 달러까지 높아지는 등 인건비 수준이 높아진 상황에서 부동산 매입 비용마저 늘면, 공장을 해외로 이전하는 현상이 잦아질 수밖에 없고, 자영업자 역시 임대료 상승 부담을 더 많이 떠안게 되고 가파른 임대료 증가는 자영업 위축의 원인이 되어 경제성장을 악화시키게 되지요.

여기에 수요의 큰 축을 담당하는 가계도 주택담보대출 상환, 전·월세 증가 등 주거비용 상승으로 가처분소득(가계 수입 중 자유롭게 쓸 수 있는 돈)이 줄어들면 내수 경기 부진으로 연결될 수밖에 없지요.

지금처럼 부동산으로 국부가 쏠리는 구조를 그대로 둔 상태에선 확장 재정으로 나랏돈을 풀거나 통화정책을 완화해 유동성을 공급해도 생산활동·주식시장 등에 투자되기보다 부동산 시장에 더 많은 자금이 흘러가는 현상만 심화시키고. 부동산을 보유한 사람과 보유하지 않은 사람 간 자산 불평등도 키우게 됩니다.

결국 국부가 부동산에 쏠리는 이유는 생산활동보다 부동산에 투자하는 게 더 고수익을 가져다주기 때문이지요. 그래서 정부가 다양한 규제를 통해 부동산으로 흘러 들어가는 돈을 차단하려고 노력하는 것입니다.

김현미 장관이 주장하는 "다른 나라보다 부동산 쏠림이 심하다는 것은 경제활동은 하지 않고 '건물주'를 꿈꾸는 사람이 많아진다는 의미"이며 "주택 정책을 '소유'에서 '거주' 중심으로 전환해 쏠림 현상을 관리해야 부동산 폭락이 한국 경제의 '시한폭탄'이 되는 상황도 방지할 수 있다"는 것도 바로 이런 맥락에서입니다.

우리나라는 모든 것이 부동산에 집중되어 있는 현실이 안타깝습니다.
증권사도 부동산 IB가 제일 인기가 많고, IPO나 M&A는 뒷전이지요.

모든 사람들이 부동산 시행업으로 대박을 꿈꿉니다.

• 부동산투자와 국가경제

창업을 하고 스타트업을 지원하려는 생각보다는 손쉽게 돈을 벌려는 것에 혈안이 되었으며 언론 역시 스타트업의 성공기나, 청년 창업자의 성공담을 눈에 보이지 않고, 정부의 부동산 정책만 가지고 난리를 떱니다.

우리나라는 땅이 큰 나라도 아니고 수출을 해서 먹고 사는 나라입니다.

나라의 모든 국부가 오로지 생산성이 높은 자산에 투여되어 경쟁력을 확보하지 못하면 미래가 불투명한 나라이지요.

Not Buying But Living

김현미 국토부 장관의 유명한 말이지요.
집은 사는(Buying) 곳이 아니라 사는(Living) 곳이다.

제가 우리나라는 부동산 공화국이라는 말을 했습니다. 일본과 같이 토건 공화국으로 재정지출의 많은 부분을 토목에 사용하는 것도 문제입니다.

재정지출이라는 것은 경기를 부양하기 위하여 미국의 뉴딜 정책처럼, 정부가 대규모 국책사업을 진행하고, 이를 통해 건설업체들과 그 노동력에 유효 자금을 지급하고, 그들이 유효수요를 창출해서 소비가 늘어나면, 경기가 활성화되는 것을 원하는 정책입니다.

그런데 우리나라처럼, 국토의 면적이 작고, 사람이 전 국부의 대부분을 차지하는 나라에서는 이런 부동산에 대한 투자가 결코 바람직한 것이 아니지요.

부동산은 재화 중 가장 생산성이 낮은 것이어서 우리나라처럼 수출로 먹고 사는 나라가 신기술, 창업 등에 투자가 이루어지기보다 오로지 부동산에 투자가 이루어 지면 그 만큼 나라의 생산성이 떨어지기 때문입니다.

또한 이조시대를 거치면서 천하 지대본 사상 (天下 之大本)이 발달하면서 토지가 농사, 권력, 재산의 모든 중심이 되었습니다.

그래서 토지, 집에 대한 애착이 심해진 듯합니다.

집을 가지고 있느냐 없느냐에 따라 신분의 차별이 발생하고 어디에 살고 있느냐에 따라 계급이 나누어 지는 사회가 바로 우리나라 인 듯합니다.

대중들의 이런 심리를 이용해서 우리나라에서는 부동산이 가장 좋은 투자 자산으로 인식되었습니다.
- 실물 자산이고
- 원금 손실 위험이 약하고
- 전세제도 등으로 투자금을 최소화 할 수 있고

- 개인이 중개 기관을 거치지 않고 직접 할 수 있고
 등등, 투자 자산의 원칙에 너무도 정확히 맞는 재화인 것이지요.

  - 펀드 등은 실물 자산이 아니고, 외적인 요인 등 변수를 너무 많이 가지고 있고
  - 잘못하면 원금을 날릴 수 있고
  - 자기자금을 모두 투입해야 하는 레버리지가 약하고
  - 중개 금융기관을 통해서만 투자가 가능하며,
  - 투자자가 정확히 이해하기가 어려운 구조인데 반해

 부동산은 그렇지 않기에 많은 사람들이 손쉬운 투자로 인식됩니다.

 특히 사람의 의식주에 해당하는 주거는 반드시 필요한 필수재로 인식되다 보니, 절대로 안 팔리거나 손해를 볼 일이 없다는 인식이 팽배합니다.

 우리나라의 부동산은
 역사와 시장의 심리, 정부 정책이 결합된 형태로 좀처럼 쉽게 변하기 어려운 구조인 것이지요.

 정부의 정책은 표를 위해서 좋은 경제지표를 보여주기 위해 부동산 보다 손

• Not Buying But Living

쉬운 재료가 없다 보니 부동산 규제를 완화하고 빚내서 집 사라는 정책을 하여 가계대출을 늘려 쉽게 경제성장률을 높이는 유혹에 빠지게 됩니다.

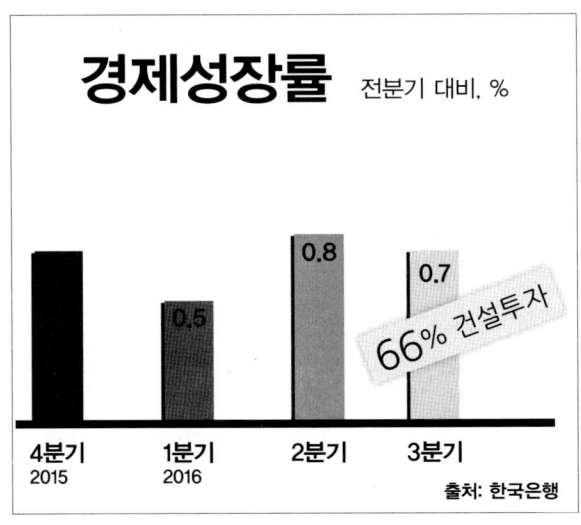

철학 없는 정치로 정치가들이 다음 세대를 생각하지 않고 당장 눈앞의 표에 급급하다 보니, 성장보다는 정체가 효율보다는 비효율의 정책과 투자가 만연하는 것 같습니다.

거시경제와 부동산 가계대출

거시경제학적인 측면에서 조금 다른 측면도 있습니다.

1990년부터 2011년까지 46개 경제국가를 대상으로 한 연구에 따르면 은행의 가계 부동산 대출과 경제성장 사이에는 Negative Relationship (한 쪽이 증가할 때 다른 쪽이 감소하는 즉, 반비례 관계)가 있고, 신용의 긍정적인 요인으로는 성장효과가 비 금융기업에 유입되는 것으로 밝혀졌지요.

일본, 미국, 영국 등 단일 국가를 대상으로 한 연구에서도 유사한 결과가 나왔습니다.

30개국 대상으로 1960~2012년까지 한 연구에 의하면 GDP대비 가계부채 비율이 3년 이상 증가하는 경우, 향후, GDP 성장의 둔화와 실업률 증가가 예상된다는 사실을 발견했습니다.

　이 연구결과를 두고 IMF, OECD관계자들이 모두 관심을 기울였다고 하지요.

　연구 결과는 다음과 같습니다.

　주택담보대출의 대부분은 초기에 집을 구매할 때 사용된 후, 집을 사고 팔 때 계속 투입 사용됩니다. 결국, 신용과 돈이 창조되어 기존의 집과 땅으로 흘러 들어가 집값은 오르고, 소득대비 가계부채비율이 높아지는 결과가 나올 수밖에 없다는 것이지요.

　초기에 중도금과 잔금을 과도하게 받아서 집을 산 사람들이 이를 매각하게 되고, 창조된 신용과 화폐가 기존의 집에 그대로 승계되다 보니, 새로운 주택건설, 소비를 일으키지 못한다는 것이지요.

　경제적 충격이나, 이자율이 높아지면 정부를 제외한 모든 경제주체들은 디레버리지(경기 침체기에 차입을 줄이고 자금을 회수하는 등 부채를 줄여 경영상태를 호전시키는 조치)를 추구하는, 이를 테면 부실해진 대차대조표를 복구하려는 노력을 기울이게 됩니다.

　이때 가계들은 지출을 줄이고 저축을 늘리지요. 그러면 기업은 이득이 줄어

들기에 투자를 거둬 들이고 빚을 갚습니다. 은행은 대출을 줄이고 기초자본을 다시 구축하게 됩니다.

이런 대차대조표의 불황 (가계의 빚이 많아 정부가 경기부양책을 내놓아도 소비나 투자로 이어지지 못하는 현상)은 현재 우리나라의 실정과도 일맥상통합니다.

"대출의 증가는 다가올 금융위기를 감추는 것뿐이다" 라고 주장한 경제학자가 있었습니다.

미국의 경제학자 하이먼 민스키의 연구입니다.
경제가 안정되면 기업과 은행의 신뢰가 높아지고, 그에 따라 투기적 형태의 투자와 대출이 증가하게 됩니다. 그러면 부채가 계속 쌓여서 대출자가 앞으로 들어올 소득으로 부채를 상환할 수 없는 수준이 되고, 결국 대출자는 이자를 지불할 돈을 빌려야 하는 상황이 온다고 했습니다.

민스키는 이를 폰지금융이라고 불렀습니다.

이런 시나리오에서는 경제가 매우 취약해지고, 사소한 충격에도 기업이 채무를 이행하지 못하는 사태가 발생하며, 기업은 투자를 줄이고, 은행은 부실해지고, 부채디플레이션 (디플레이션으로 화폐가치가 높아져 오히려 부채가 증가하는 현상)이 일어 난다고 예측을 했습니다.

이 경제학자의 이론은 2007, 2008년의 미국 금융대란과 정확히 일치하는 이론이어서 주목을 받았습니다. 당시 월가에서는 이를 "민스키 모멘트 (Minsky Moment)"라고 불렀고, 집값이 오르자 소비를 늘리기 위해 집을 담보로 돈을 빌리고, 또 다시 투자를 하는 (한국의 갭투자) 이런 형태가 소득 대비 가계부채비율과 금융취약성을 높이는 결과를 가져온다는 것입니다.

이런 가계를 민스키 가계 (Minskyian Households)라고 불렀지요.

한국의 다주택 투기자들인 갭투자의 전형입니다.

왜 소비가 둔화되고 저성장이 지속되는지 가계부채와 어떤 관계가 있는지 이해에 도움이 되셨으면 합니다.

가계부채가 결국 부동산 한분야에만 문제가 되는 것이 아닌 나라의 장기적인 거시경제에 큰 악영향을 주는 것이지요.

가계대출과 부동산

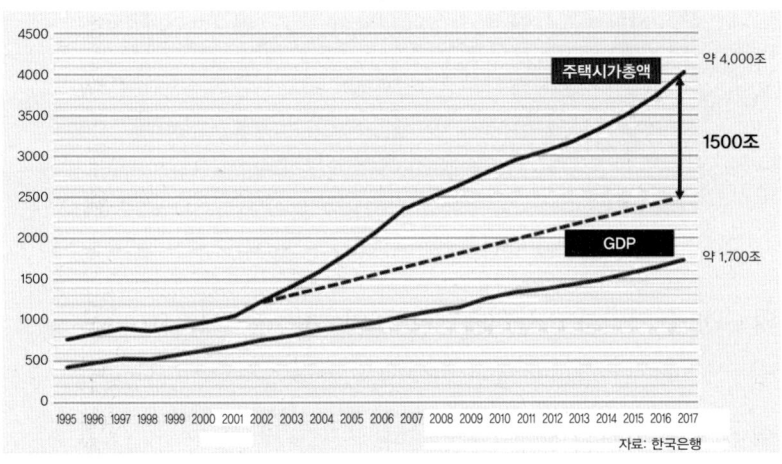

위의 표는 GDP대비 2000년까지는 주택시가총액이 일정한 비율로 2000년 이후 급격히 증가하는 것을 보여줍니다.

• 가계대출과 부동산

2017년 GDP가 1700조 일 경우, 정상적인 주택 총액은 약 2500조여야 합니다. 그런데 현재 약 4000조이지요.

4000조와 2500조의 차이가 바로 1500조 가계부채이며, 이 가계부채가 주택 시가 총액을 버블처럼 떠 받드는 결과를 만들었습니다.

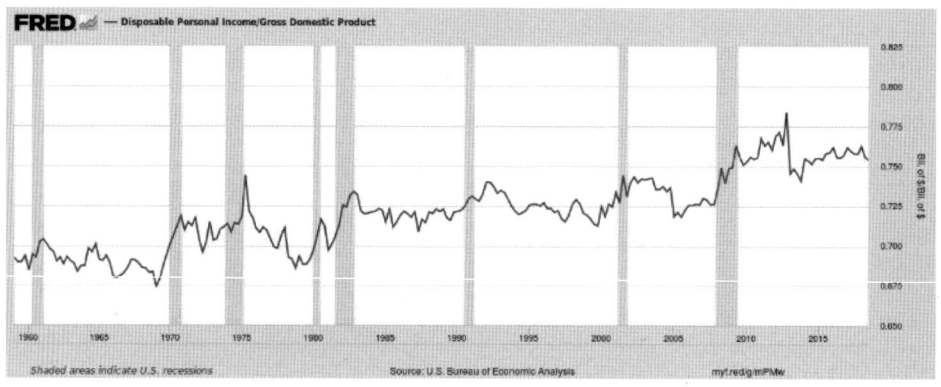

미국의 GDP중 가처분 소득비율입니다. 약 75% 정도이군요

한국의 GDP중 가처분 소득비율입니다.

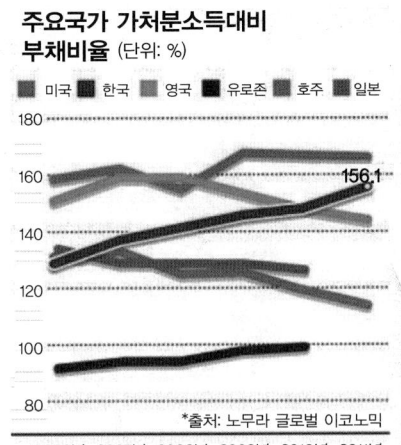

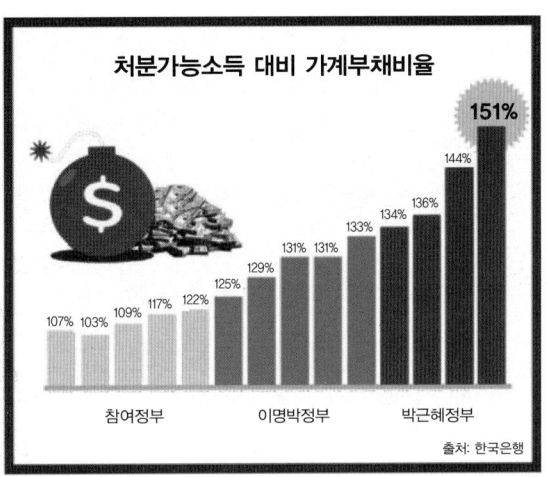

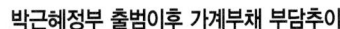

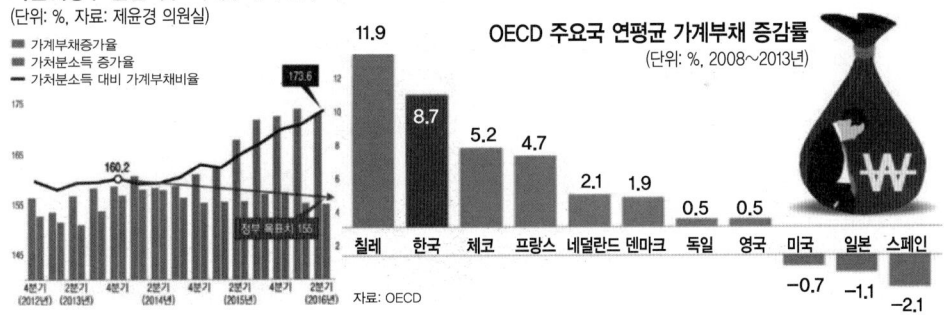

• 가계대출과 부동산

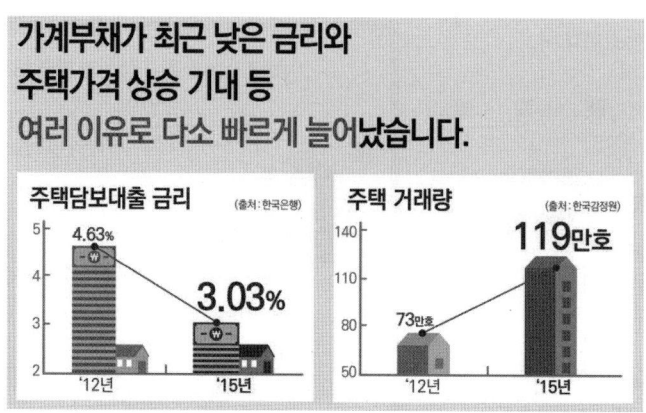

현재 우리나라의 가처분 소득 대비 부채비율은 185%입니다.

일본

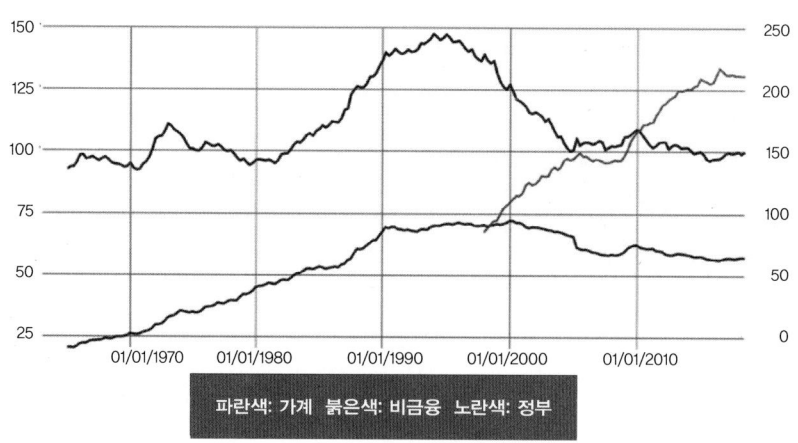

한국

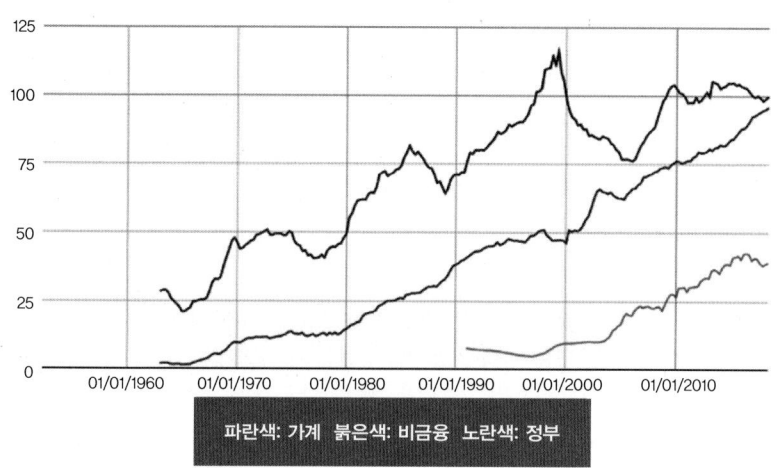

파란색: 가계 붉은색: 비금융 노란색: 정부

중국

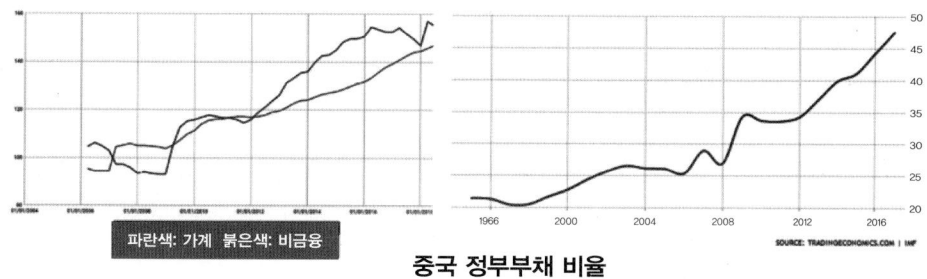

파란색: 가계 붉은색: 비금융

중국 정부부채 비율

• 가계대출과 부동산

독일

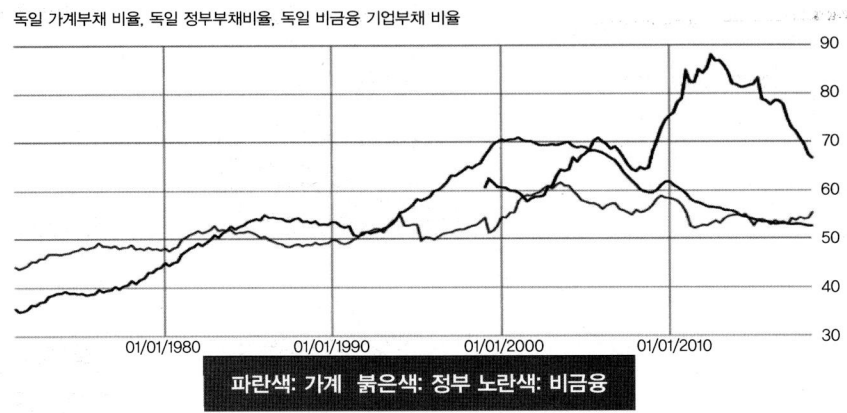

우리나라 보수언론은 다음과 같이 말합니다.

"현재의 정부가 이런 성장률을 가져가는 것은 국가를 포기한 것이고 지금은 분배보다 산업의 성장이 중요하다"

야권의 대표 후보들도 모두 이런 비판을 합니다.

그런데 문제는 대안이 없습니다.

경제성장률은 규모의 경제입니다. 글로벌의 수요와 공급은 한계가 있습니다. 100억달러의 10%는 10억달러이지만 500억달러의 10%는 50억달러입니다. 이렇게 성장의 한계가 있는 것이지요. 최대 수출을 했지만 수출만으로 성장률을 높이는 것은 위와 같은 이유로 한계가 있는 것입니다.

소득주도성장이 잘못되었다면 대안이 무엇인지를 밝히지 못합니다. 박근혜 정부 시절, 낙수효과를 기대한다고 하면서 빚으로 경제성장률을 유지하여 결국 가계부채만 키우고 말았지요.

"보편적 복지"라는 말은 우리나라에서 공산주의 사상이라고 비판을 받습니다.
하지만 지방 자치제를 하고 있는 우리나라는 지방정부라는 말을 사용하면서 지방정부에 많은 권력이동과 예산을 이동하고자 하는 시도가 있습니다.

이유는 국가가 국민의 세금을 사용하려면 국민의 민의가 있어야 하나, 지방정부는 도민의 뜻만 반영하면 되지요.

가계부채는 결국 일본과 독일처럼 정부의 부채로 넘어갈 겁니다.

경제를 성장시키기 위한 대안은 사회적기업과 같은 새로운 소비와 소득을 활성화할 수 있는 대안이 있어야 합니다.

• 가계대출과 부동산

기준 금리와 부동산

기준금리가 한국은행의 선제적인 정책에 의거하여 인하되었습니다.

IB은행들은 하반기 한번 더 인하를 예고하고 있지요.

이유는 경제지표가 극도로 위험하기 때문입니다. 1%대의 성장을 우려하지요.

금리가 인하되면 부동산은 어떻게 될까요?

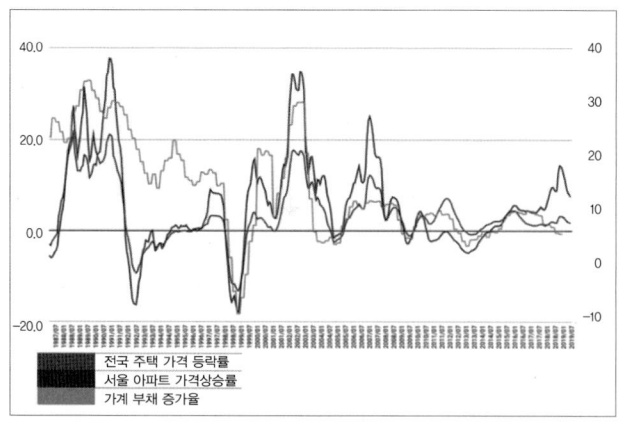

위 그래프는 전국 주택 가격 등락률과 가계부채 증가율을 나타낸 그래프입니다. 가계부채가 증가하면 주택가격이 상승하는 모습을 보이고 있지요.

그러면 가계부채는 어떻게 언제 증가하는 걸까요?

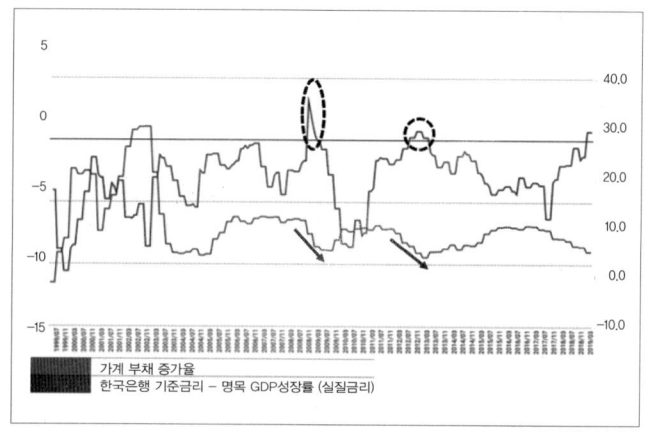

2008년, 2012년 리먼사태와 유로존 재정위기 두 번 실질금리가 (+)였습니다. 실질금리가 (+)이면 가계 부채 증가율은 급격히 하락하지요.

즉, 단순 기준금리 인하가 아니라 실질금리 (기준금리-명목 GDP성장률)가 플러스가 되면 가계부채증가율은 하락하고 결국 주택가격도 하락한다는 뜻으로 보입니다.

• 기준 금리와 부동산

올해 1%대의 성장률을 우려하는 목소리가 많습니다. 어쩌면 실질금리가 2008, 2012년 이후에 다시 (+)가 될 가능성이 높지요.

또한 기준금리가 상승하면 수익형 부동산의 분양성은 낮아집니다.
이유는 이는 은행예금의 수신금리가 높아지기에 수익형 부동산 보다 투자자들은 원금이 확실히 보장되는 예금을 선호하게 됩니다.

예를 들면
기준금리가 1.25%였을 경우 수익률 3.79%라고 가정하면 월세를 300만원 받게 되고 분양가가 10억원이어도 됩니다.

그런데 기준금리가 1.75%라고 하면 월세를 300만원 받는다고 하면 수익률 4.5%가 되어야 하고(은행수신금리대비 높아야 하므로), 분양가는 역산하면 8.5억원으로 15%가 싸져야 가능합니다.

금리	1.25%	1.75%
수익률	3.79%	4.50%
월세	3,000	3,000
투자금	950,000	800,000
보증금	50,000	50,000
매매가	1,000,000	850,000

임대료를 올릴 수는 없을 겁니다.

왜냐하면 자영업자들이 몰락하고 소비가 줄어 경제가 나쁜 상황에서 임대료 부담을 안으면서 장사할 사람들이 없기 때문이지요.

따라서 상가의 매매가 (분양가)는 당연히 낮아질 겁니다.

관리비, 종합세금 등등 수익률이 떨어지고 임차인 걱정이 되는 상가보다 안전한 저축을 마다할 바보 투자가는 없으니까요.

유동성과 부동산

거시경제학적 측면에서 유동성을 조절하는 것은 한국은행의 임무이지요. 통화량을 조절합니다.

대표적으로 금리가 있지요.

기준금리를 높이거나 낮추는 방법을 통하여 시중의 통화량을 조절합니다.

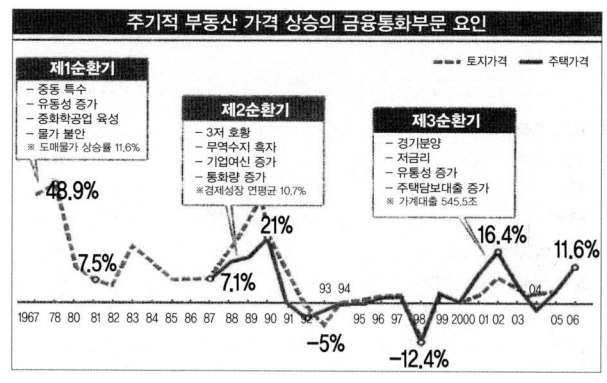

위의 표는 1967-2007년까지 부동산의 상승과 금융통화 부문의 상관관계를 나타낸 것입니다.

1순환기는 중동특수가 이어져 유동성이 증가했고, 인플레이션이 극에 달했지요

2순환기는 3저호황으로 시중에 돈이 넘쳐났습니다.

3순환기는 경기부양으로 저금리 정책 때문에 유동성이 증가하고 자금의 부동산 쏠림 현상이 극심했습니다.

이렇게 시중의 유동성이 증가하게 되면 (저금리) 그 돈이 대부분 부동산으로 몰려가게 됩니다.

서울대 김용창 교수가 [한국의 주택토지정책]이라는 저서에서

"부동산 가격의 급상승은 해당 시기별로 특수한 과잉 유동성에서 비롯된 자본순환의 위기에서 발생"한다고 언급했습니다.

국토개발연구원의 [주택시장 모형연구]에서도

"통화공급량 변동은 12개월 후부터 주택시장에 영향을 미치기 시작하여 장기간 계속되며, 실질 통화량 1%의 증가는 주택공급을 4.3% 증가시키고, 반면에 주택 수요량 총 증가효과는 9.9%에 달해 주택가격을 1.58% 상승시킨다"라는 발표를 했습니다.

• 유동성과 부동산

거시경제학적으로 보면 서로 다른 방향으로 가는 두 마리의 토끼를 잡아야 하는 딜레마가 있습니다.
- 경기부진으로 기준금리를 인하해야 하는데
- 시중 유동성 증가로 주택가격이 상승하는 고민이 발생합니다.

현재의 우리나라 상황이 딱 여기에 해당됩니다.

이는 우리나라만이 아니라 전세계적인 고민거리이지요.
영국의 이코노미스트에 따르면 2001년 이후 전세계 20개국가가 모두 두자리 수의 주택가격 상승률을 기록했습니다.

이에 대해 크게 각국은 두가지의 칼을 사용했습니다.
영국, 호주, 미국 등은 점진적인 금리인상을 통해 유동성을 억제해 연착륙에 성공했습니다.
반면 스웨덴, 일본 등은 작은 칼인 정부의 대출억제정책과 규제만을 사용하다가 큰 낭패를 보았지요.
스웨덴의 경우, 1985년 이후 부동산 대출이 급증하면서 상업용 부동산이 1991년까지 116% 상승하자 1988년 중반이후 2년 반 동안 80여 차례를 통하여 금리를 7% 인상하자 부동산 가격은 11.2% 하락했지만 그로 인해 부동산 관련 대출의 부실화로 금융위기를 초래했습니다.

통화 및 유동성 지표 증가율 추이

위의 그래프는 한국은행이 발표한 2019년 4월 현재의 유동성 지표입니다.

광의통화(M2)는 넓은 의미(광의)의 통화라는 의미입니다.

협의통화에다 만기 2년 미만의 정기예금, 수익증권, 양도성예금증서(CD), 환매조건부채권(RP), CMA 등을 더한 것이라고 생각하면 됩니다.

한국은행은 매월 광의통화량을 측정하여 경제성장률, 물가, 금리 등을 감안해 통화량을 늘리거나 줄여. 뉴스에서 통화량이라고 하면 이 광의통화를 말합니다.

• 유동성과 부동산

금융기관 유동성(Lf)

금융기관 유동성(Lf)은 모든 금융기관의 유동성까지 포함한 통화입니다. 금융기관의 통화 예치기간이 정해져 있는 상품을 모두 합한 셈입니다.

즉 광의통화에 만기 2년 이상의 정기예적금 및 금융채, 증권회사의 예수금, 생명보험회사의 보험계약 준비금 등을 모두 더한 것이죠.

광의유동성(L)

광의유동성(L)은 나라 안의 총 통화량입니다. 금융기관 유동성에다가 상호저축은행, 증권회사, 보험회사 등이 발행한 유동성 금융상품을 더한 것이죠. 국채, 지방채, 기업어음, 회사채 등도 모두 광의유동성에 포함됩니다.

한마디로 나라의 모든 통화량을 합친 것입니다.

시중 부동자금 규모가 4개월 간 45조원가량 늘면서 올해 3월 기준 1000조원에 육박한다고 합니다.

26일 한국은행 및 금융투자협회에 따르면 현금통화, 요구불예금, 수시입출식 저축성 예금, 머니마켓펀드(MMF), 종합자산관리계좌(CMA) 등 부동자금의 규모가 지난 3월 기준 982조1265억원으로 집계됐다고 하지요.

국토부에서 분양가 상한제등을 검토하는 이유는 경기부진으로 금리를 인하할 수밖에 없는 상황에서 그로 인한 부동산 투기의 쏠림을 방지하기 위함이라고 보여집니다.

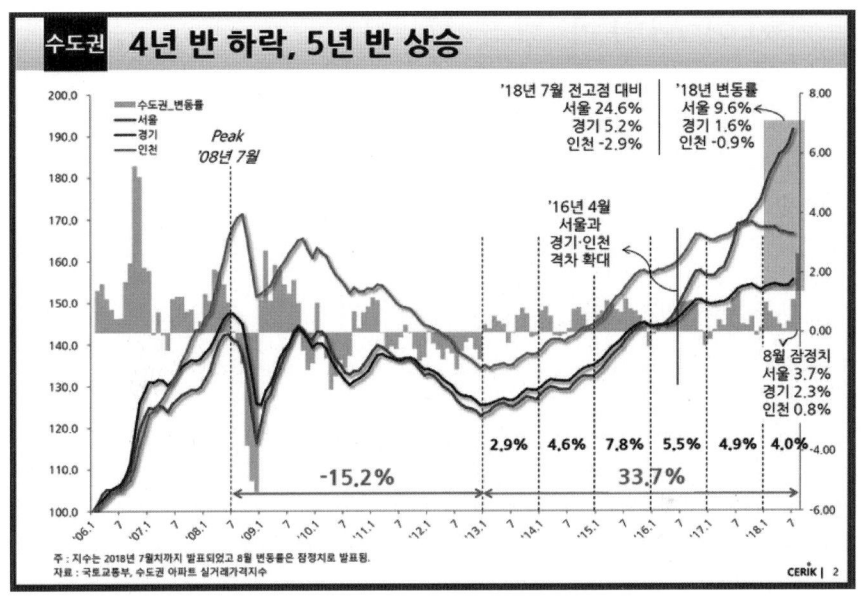

• 유동성과 부동산

77

투자자의 이탈과 부동산

제가 부동산이 냉각기라는 말씀을 자주 드리면서
장기적으로는 인구감소, 그리고 단기적으로는 투자자의 이탈을 말씀드렸지요.

투자자들이 자산을 운용하는 방법은 크게 4가지입니다.

증권 / 채권 / 원자재 / 부동산
그리고 예금 (현찰)이 있습니다.

채권 전문가인 빌그로스와 투자의 귀재인 워렌버핏의 투자자산 포트폴리오는 다음과 같습니다.

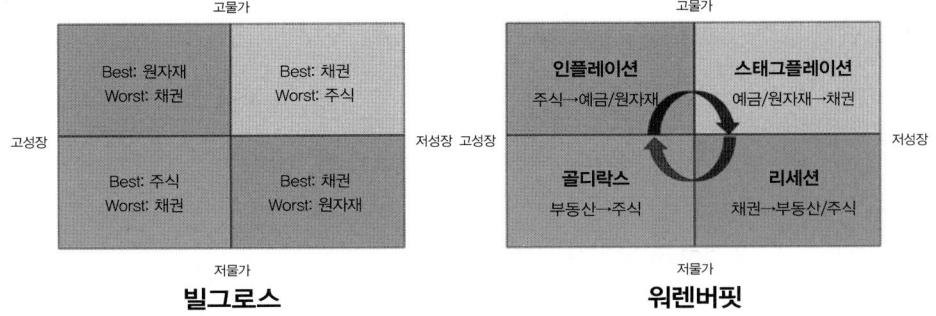

지금의 우리나라는 저성장, 저금리, 저물가의 시대이고 금리는 인상되는 시절입니다.

그래서 결국 투자자들인 자산가들은 부동산이 매력적인 자산이 아니지요. 그렇다고 경기 지표가 나쁘니 주식도 아닙니다.

그래서 원자재와 채권이 투자 상품인 것입니다.

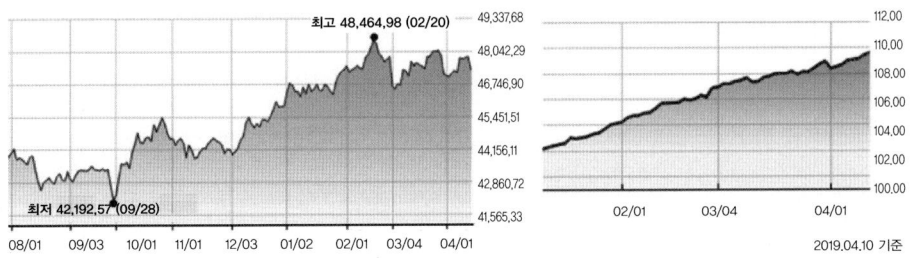

• 투자자의 이탈과 부동산

좌측은 금값 추이이고 우측은 채권형 펀드 설정액입니다.

경제지표인 GDP를 지출부문에서 구분하면
소비 + 투자 + 무역수지 (수출-수입)의 합산으로 이루어 집니다.
대부분의 나라에서는 소비가 투자보다 앞서지요.

그러나 경제를 이끄는 강력한 힘은 투자인데, 그 이유는 투자활동을 통해, 고용과 설비가 확대되고 이것이 다시 소득으로 이어져 소비를 이끌기 때문입니다.

단기적인 부양책은 소비를 활성화하는 것이기에 2008년 이후 전세계 정부가 금리를 인하하고 고용증대, 임금인상, 세금혜택의 정책에 집중하였습니다.

경제가 회복되면 자연스럽게 소비의 일환으로 주택가격도 상승하게 됩니다.

그런데 우리나라는 내구재 소비의 핵심인 자동차는 2017, 2018년 2년 연속 감소이고 2010-2018년간 연평균 1.3%로 미국의 5.3%와 비교하여 크게 낮고
민간소비증가율도 2004년 이후 연평균 2.58%로 평균 경제 성장률 3.6%보다 낮습니다.

2006년 민간소비+정부지출+민간투자+정부투자+수출에서 민간소비가 차지하는 비중은 37%였고 수출이 차지하는 비중은 30% 였습니다.

2017년에는 민간소비 비중이 32%였고, 수출의 비중은 36%였습니다.
반면에 주택가격은 2018년 한해동안 30%가 증가했습니다.

미국은 고용이 확대되고 소득이 증가하면서 자연스럽게 주택가격이 상승되어 2008년 금융위기 이전의 상태를 회복했습니다.
가처분 소득대비 가계부채비율인 2008년 136.8%에서 최근에는 110.9%로 하락했습니다.

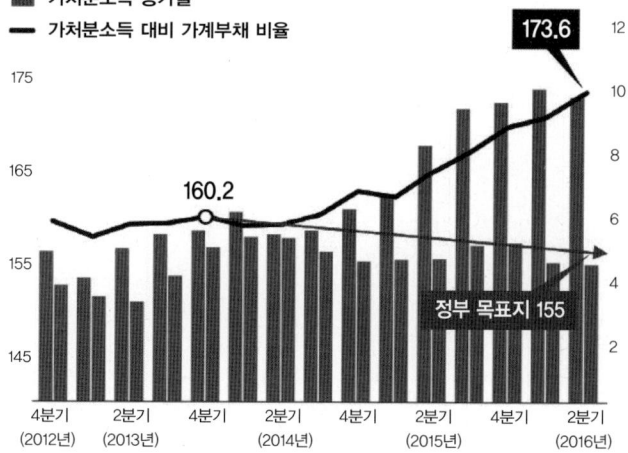

• 투자자의 이탈과 부동산

우리나라의 가계부채의 위험성을 단적으로 보여주는 그래프이지요.
전세계 1위입니다.

이러한 이유로 부동산의 투자자들이 사라지게 되었고, 다른 자산으로 이동했으며, 그래서 분양성이 점점 낮아지게 되는 것입니다.

부동산의 실수요자와 투자자가 50:50입니다.

그런데 투자자 또는 투기성 투자가 사라지게 되어 부동산이 냉각기를 맞이하게 될 것이라는 예측입니다.

주택가격지수와 부동산 상승장

제 블로그에 제가 쓴 거래절벽 포스팅에 애독자 한 분이 지금은 상승장이어서 거래절벽이 아니라, 매수가 줄어든 것일 뿐이라는 댓글을 달으셨어요.
전문가적인 의견을 달아 주셨습니다.

그래서 부동산 상승장에 대한 이야기를 하려고 합니다.
대표적인 부동산 주기에는 한센지수라는 것이 있지요.

참고로 저는 한국의 자료도 FRED에서 많이 찾아봅니다. 한국은 여러 군데에 각각의 통계자료가 있어서 불편하더군요.

[주택가격지수]

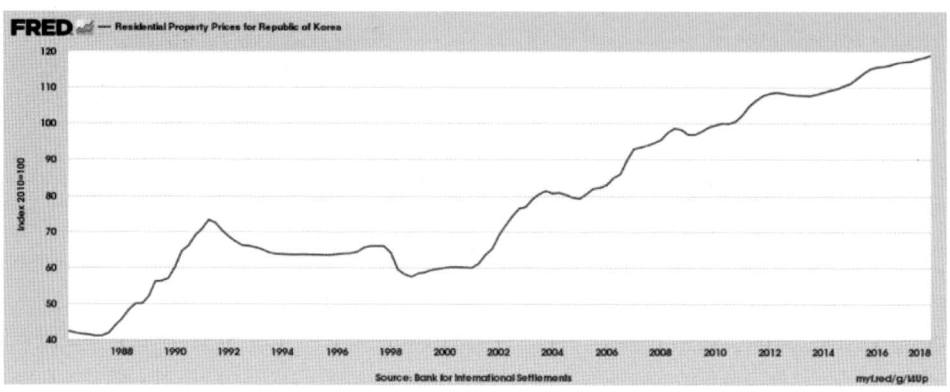

위의 그래프는 명목 미국의 주택가격지수입니다.

[실질 주택가격지수]

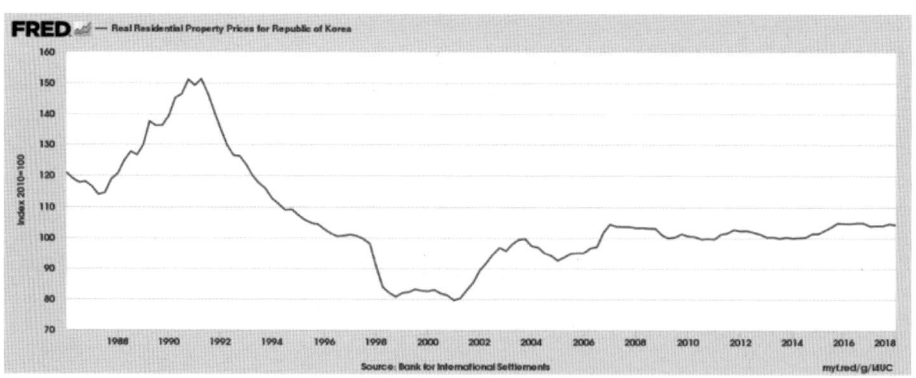

물가상승률을 반영한 실질 주택가격지수입니다.

이것을 종합하면 다음과 같습니다.

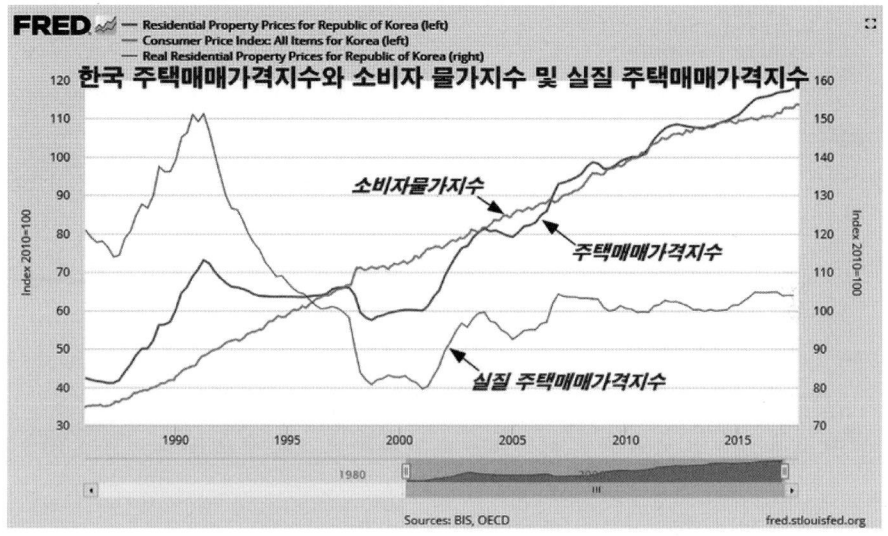

• 주택가격지수와 부동산 상승장

[버블지수]

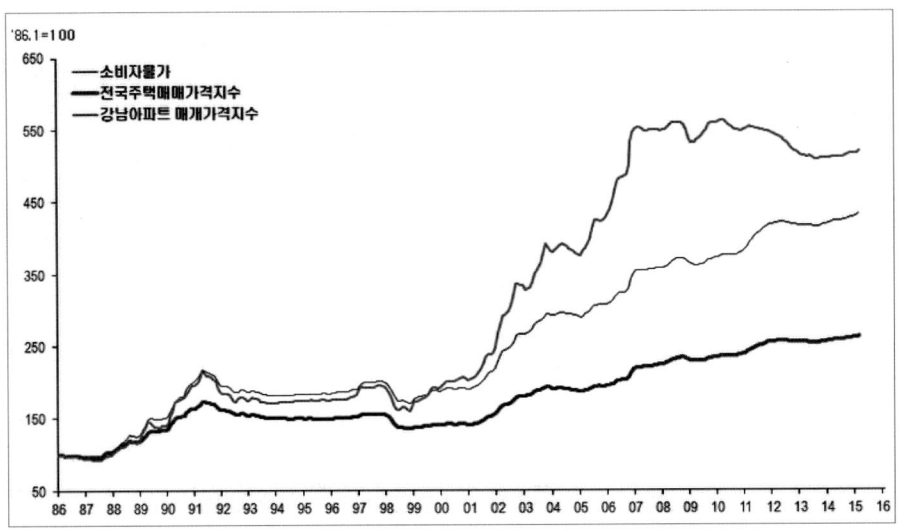

전국 주택 가격지수는 버블이 아니지만 강남만은 버블의 추세입니다.

전세계적으로는 전국을 기준으로 하다 보니 우리나라는 부동산 버블이라고 할 수는 없습니다.

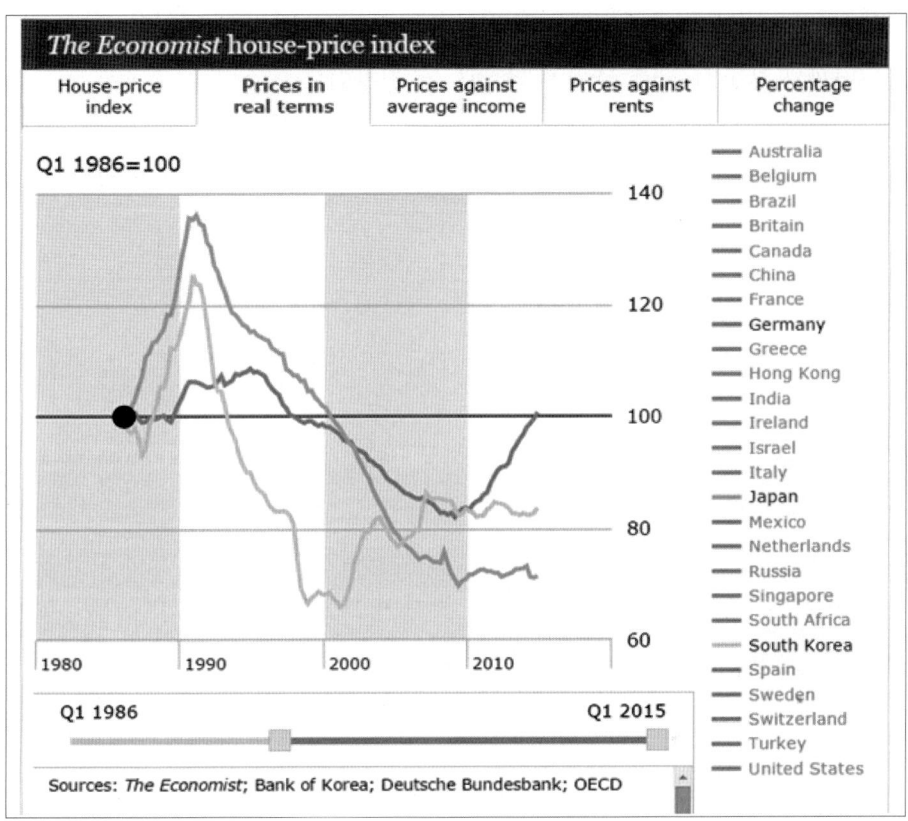

[한센주기]

한센 파동은 한센(Alvin Hansen)이 대략 1860년부터 1930년대까지 미국의 주택 가격 등락을 연구해 보고 1960년대에 부동산이 17년을 주기로 움직인다는 한센 주기를 발표하였습니다.

미국의 부동산 고점이 1973년, 1989년, 2006년으로 대략 17년 간격을 이루니

• 주택가격지수와 부동산 상승장

한센 주기가 적용되고 있다고 볼 수 있다 하지요. 따라서 미국은 2012년부터 2023년까지 부동산 상승 주기가 될 것으로 전망되고 있습니다.

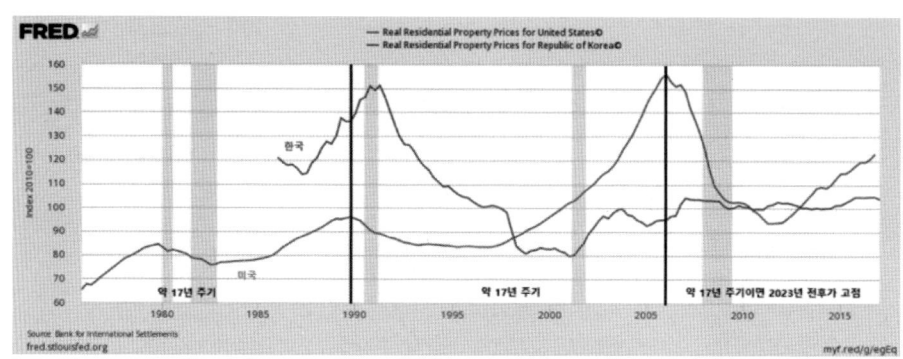

한국은 1990년, 2007년을 고점으로 본다면 2024년까지는 (17년주기설) 부동산 상승주기로 볼 수 있다는 결론이 됩니다.

[기타 경제 지표와 부동산]

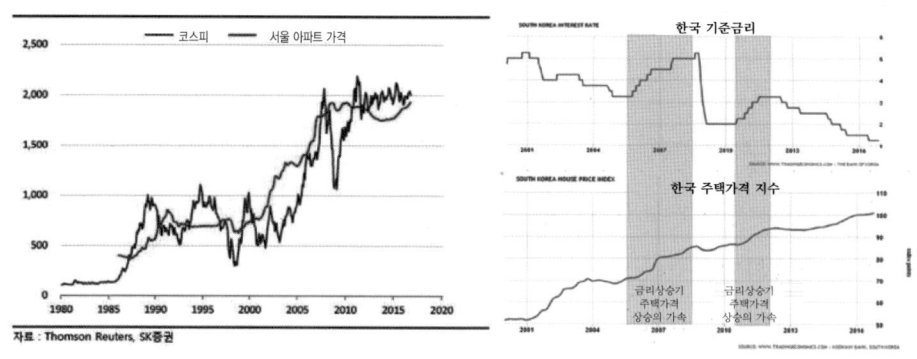

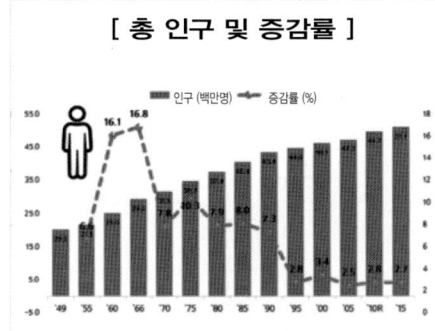
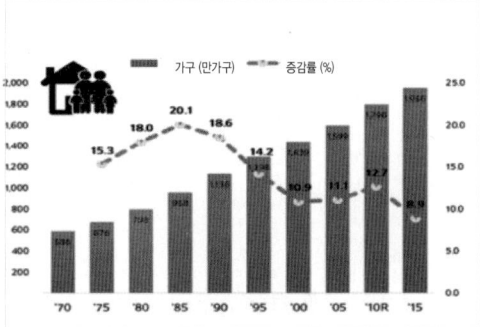

코스피와 연동성이 높지만 기준금리와는 연동성이 없어 보입니다. 기준금리가 올라도 오히려 주택가격이 상승하기 때문입니다.

즉, 상가 등 수익형 상품은 기준금리에 영향을 받지만 주택은 전세제도 때문에 큰 영향을 받지 않는 것 같습니다.

우리나라가 실질 주택매매가격지수, 명목 주택매매가격지수가 모두 상승 추세에 있는 것은 맞는 듯 보입니다.

17년 주기설을 참고로 하면 2024년까지 상승장이 맞지요.
하지만 이것은 시장에 맡긴다는 전제를 기본으로 합니다.
지금처럼 정부가 각종 규제 (대출, 건축)를 쏟아 내면 부동산은 냉각기를 가질 것이라고 예측합니다.

• 주택가격지수와 부동산 상승장

또 한가지 경제지표입니다.

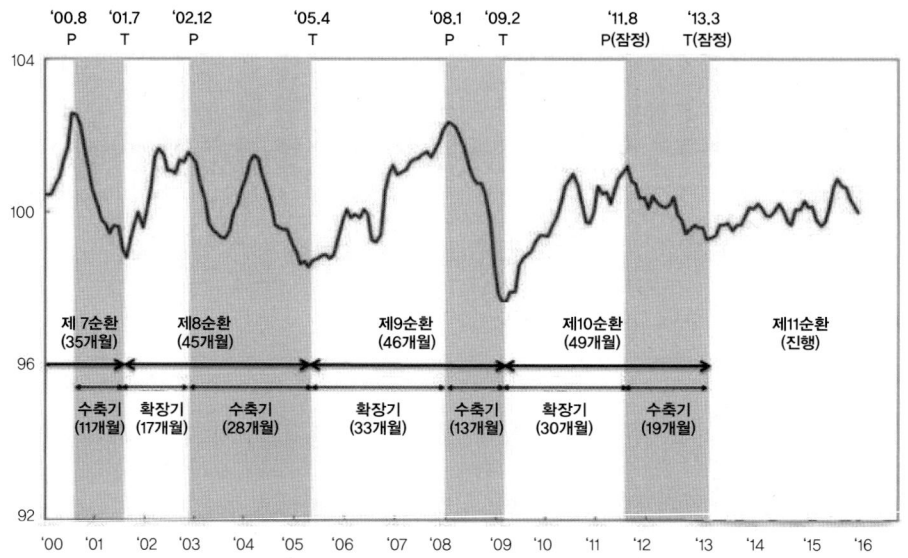

우리나라 경기순환지수입니다. 원래 6월 17일 통계청에서 경기순환지수에 대한 발표를 하려고 했는데 유보되었다고 하지요. 지금은 경기순환상 정점을 찍고 수축기로 접어드는 것으로 보입니다.

수출도 감소하고 미중무역전쟁의 여파로 글로벌 경기도 안 좋아 지는 엎친데 덮친 격이지요.

경기 수축기에 안전자산 선호심리로 부동산의 경기가 좋아 질 수도 있지만 부동산도 하나의 자산이므로 수요와 공급의 법칙이 존재하고 나 혼자만 상승을 할 수 없습니다.

지난번에도 언급했듯이, 부동산을 재화로 보고 투자를 하는 사람은 자기가 팔 수 있는 수요시장이 존재해야 지만 투자를 합니다.

그런데 모든 경제지표가 불확실해지는 상황에서는 자칫 낭패를 볼 수 있어서 투자를 꺼리게 됩니다.

부동산은 부동산으로만 바라보기 보다는 거시경제에서 재화로 인식하여 예측하는 것이 맞지 않을 까 합니다.

인구 오너스와 보너스

인구 오너스는 인구가 줄어들면서 생산과 소비가 축소되어 경제 성장이 둔화되는 현상을 말합니다. 그 반대말이 인구 보너스입니다.

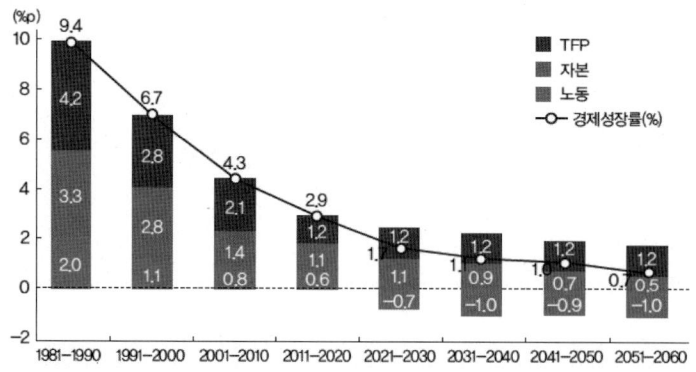

생산투입요소별 경제성장 기여도 추이 및 전망

예상 경제 성장률이 10년 단위로 급격히 하락하고 있습니다.

경제성장률은 '노동 + 자본 + 총요소생산성'의 합입니다.

예상 경제성장률이 이렇게 추락하는 이유는 '노동기여도'가 급격히 감소하기 때문입니다.

노동기여도란 성장률에서 차지하는 노동의 비중이고, 일할 사람이 줄어들면 노동기여도는 떨어집니다.

위의 표를 보면 2060년 만약 노동이 중립(0%)만 되더라도 2060년대 경제성장률은 1.7%까지 높아질 수 있습니다.

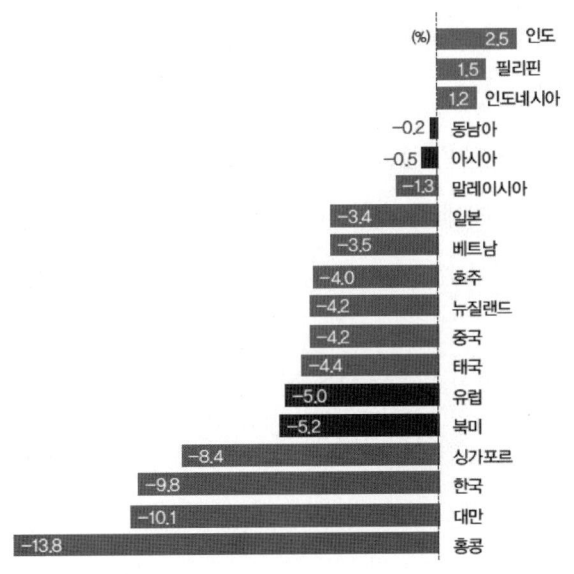

• 인구 오너스와 보너스

저성장 결과 글로벌 무대에서 한국경제의 영향력은 상대적으로 축소될 것으로 보입니다.

영국 이코노미스트(2017년)는 한국의 경제성장률이 저출산으로 인해 2050년 연 1%대까지 떨어지면서 한국의 경제규모가 GDP 기준 세계 10위권 밖으로 밀려날 것이라고 전망했습니다.

루이스전환점이란 도시로 유입된 농촌 인력에 기대어 성장한 산업이 농촌의 노동력 고갈로 인해 더이상 성장하지 못하는 현상을 말합니다.

'저출산 + 고령화 + 인구감소' 이 3종 세트는 이른바 루이스전환점Lewisian Turning Point을 불러올 수 있습니다.

저렴한 인건비로 버티는 산업은 임금이 상승하면 경쟁력을 잃기 쉽지요.
한국의 이농현상은 1980년대에 끝났습니다. 국내에서는 저임금노동력이 추가적으로 유입될 여지가 없습니다.

혁신을 이루지 못한 채 가격경쟁력을 잃으면 루이스전환점이 현실화됩니다.
한국의 반면교사反面教師는 일본입니다.

인구경제학자인 해리 덴트는 책 『2018 인구절벽이 온다』를 통해 일본경제가 1990년 초까지 절정을 누리다 1990년대 중반 이후 혼수상태에 빠진 비밀은 '인구구조' 때문이라고 설명합니다.

해리 덴트는 개인의 소비가 절정에 이르는 나이를 47세라고 봤습니다.

일본의 출산인구가 절정에 달한 것은 1942년입니다. 47년 뒤면 1989년입니다. 이때 이후 일본경제가 꺾일 운명이었다는 것이 그의 주장입니다. 경기부양을 위해 돈을 쏟아 붓더라도 소비가 그만큼 따라가지 못하면 낭패입니다.
돈을 쓴 만큼 세금으로 환수되지 않으면 그대로 국가 빚으로 쌓이게 됩니다. 빚은 이자부담을 지우고, 이자는 또 이자를 낳습니다. 경기부양은 결과적으로 장기적인 성장동력을 떨어뜨립니다.

일본에게 1989년은 또 하나의 의미 있는 일이 벌어진 해입니다.
지속적으로 낮아지던 일본의 합계출산율(여성 한 명이 평생 동안 낳을 수 있는 아이의 수)이 1.57명까지 떨어진 것입니다.

일본의 잠재노동력은 1995년 8,700만 명으로 절정에 달했습니다.
이를 기점으로 생산가능인구가 감소하기 시작했습니다. 20년이 지난 2015년부터는 전체인구도 감소하기 시작했습니다.

• 인구 오너스와 보너스

일본은 그제야 '1억 명 사수'라는 목표를 내세웠습니다. 아베 신조 총리는 '1억 총활약상'이라는 장관 자리를 신설해 인구문제를 직접 챙겼습니다. 장관에는 아베 총리의 최측근인 가토 가쓰노부 전 관방부 장관을 임명했습니다.

해리 덴트는 아베 총리가 아무리 돈을 부어 넣더라도 2020년 이후에는 '2차 인구절벽'을 맞아 경기가 추락할 것이라고 단언했습니다.

그는 한국도 2018년을 정점으로 소비가 꺾일 것이라고 예상했습니다.

한국의 출생아 수가 가장 많았던 때는 1971년으로 2018년이 소비의 절정기인 47세가 되는 해입니다.

아무리 우리가 노력해도 우리나라의 인구 감소는 손을 쓸 수 없는 상황인 것 같습니다.

우리는 과거에 갇혀 살고 있지요.

경제성장이 급속으로 진행되던 1970-80년대를 그리워하고 있지만, 그것은 과거의 상황일 뿐 지금은 완전히 다른 시대입니다.

마치 우리가 지난 10년 동안의 부동산 부흥기를 맞이했던 것을 떠 올리며, 앞으로도 계속 그럴 것이라는 오판을 하듯이 말이지요.

노동과 자본, 그리고 생산요소가 늘어나는 시절에는 경제 성장률이 무척이나 높은 것은 당연합니다.

하지만 그것은 일정 기간이 지나면 포화되어 예전의 방식으로는 더 이상의 발전을 이룰 수 없습니다.

우리가 과거의 프레임에 빠져 있는 시간이 길면 길수록, 과거를 회상하기만 하고 현재에 불만만을 늘어 놓으면 불황의 터널의 길이는 길어지기만 할 겁니다.

우리 모두가 생산성을 높이기 위한 양보와 타협 그리고 혁신을 하지 못하면 공멸을 피하기가 어려울 수 있습니다.

• 인구 오너스와 보너스

Baumol's Disease(보몰의 병폐)

미국의 경제학자 윌리엄 보몰(William Baumol)이 주장한 이론으로, 산업구조가 제조업 중심에서 서비스업으로 전환될 때 서비스업의 생산성이 제조업의 생산성을 따라가지 못해 일시적으로 소득 저하나 고용 없는 성장 등의 부작용이 발생하는 것을 말합니다.

즉, 경제가 성숙될수록 산업 구조는 제조업에서 서비스 중심으로 옮겨가는 과정을 거치게 되는데, 서비스 산업의 생산성이 제조업보다 낮아 발생되는 후유증을 가리킵니다.

개발도상국이 선진국으로 진입하면 산업이 발전하게 되고, 나라의 산업이 제조업에서 서비스업으로 옮겨가게 됩니다.

제조업은 생산성이 무궁무진합니다.

로봇에 의한 생산성 증가와 개방성을 통한 임금이 낮은 지역으로 공장을 이전하여 생산성을 높일 수 있습니다.

서비스업은 의사가 진료할 수 있는 환자의 수, 서빙을 하는 식당 종업원이 감당할 수 있는 고객의 수는 항상 한계가 있습니다.

즉, 서비스업은 생산성 측면에서 제조업보다 열위입니다

이렇게 선진국으로 진입할 수록 제조업의 근로자보다 서비스업 근로자가 급격히 늘어나게 됩니다.

예를 들면 온라인 판매가 활성화되면. 공장과 유통업자가 단가를 낮추기 위해 직접 만나게 되고 공장은 생산단가의 경쟁을 위해 싼 임금의 동남아나 베트남 등으로 생산기지를 옮기게 되고, 스마트 공장 등을 이용하여 근로자를 축소시키게 됩니다.

그러면 일자리를 잃은 근로자는 서비스업으로 밀려나게 됩니다.

즉, 옷을 만드는 근로자가 온라인 옷을 택배서비스를 하는 직원으로 밀려난다는 것이지요.

우리는 우리를 선진국으로 여기지 않습니다.

• Baumol's Disease(보몰의 병폐)

하지만 외국에서는 이미 선진국으로 여기고 있습니다.

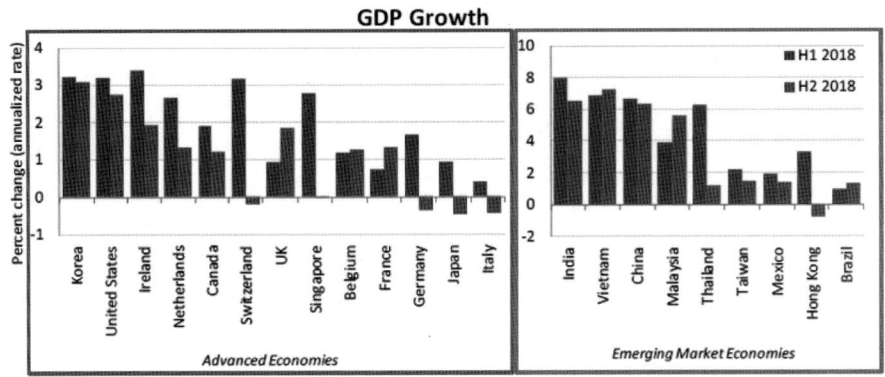

따라서 제조업의 일자리는 감소하고 서비스업의 일자리는 증가하게 됩니다.

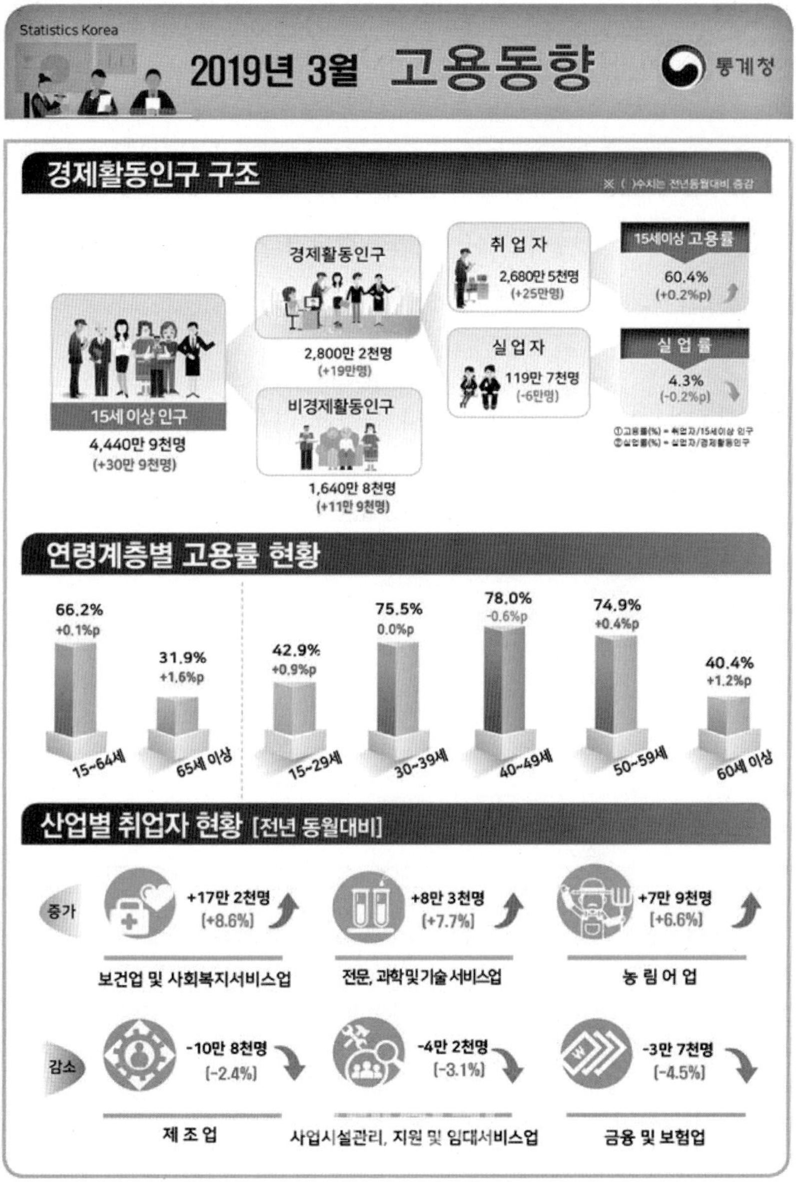
Statistics Korea
2019년 3월 고용동향
통계청
경제활동인구 구조
※ ( )수치는 전년동월대비 증감
15세 이상 인구
4,440만 9천명
(+30만 9천명)
경제활동인구
2,800만 2천명
(+19만명)
비경제활동인구
1,640만 8천명
(+11만 9천명)
취 업 자
2,680만 5천명
(+25만명)
실 업 자
119만 7천명
(-6만명)
15세이상 고용률
60.4%
(+0.2%p)
실 업 률
4.3%
(-0.2%p)
①고용률(%) = 취업자/15세이상 인구
②실업률(%) = 실업자/경제활동인구
연령계층별 고용률 현황
66.2%
+0.1%p
15~64세
31.9%
+1.6%p
65세 이상
42.9%
+0.9%p
15~29세
75.5%
0.0%p
30~39세
78.0%
-0.6%p
40~49세
74.9%
+0.4%p
50~59세
40.4%
+1.2%p
60세 이상
산업별 취업자 현황 [전년 동월대비]
증가
+17만 2천명
[+8.6%]
보건업 및 사회복지서비스업
+8만 3천명
[+7.7%]
전문, 과학및기술 서비스업
+7만 9천명
[+6.6%]
농 림 어 업
감소
-10만 8천명
[-2.4%]
제 조 업
-4만 2천명
[-3.1%]
사업시설관리, 지원 및 임대서비스업
-3만 7천명
[-4.5%]
금융 및 보험업

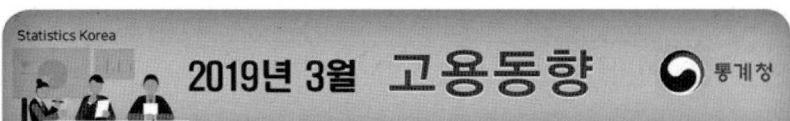

일반국민들의 나라는 선진국이 되었다는데 본인은 점점 더 열악한 생활을 영위하게 되는 것은 이런 구조적인 문제가 있기 때문입니다.

따라서 서비스업에 대한 일자리의 질을 높여야 하고 (최저임금 등등), 제조업 중 소규모 제조업을 육성해서 나이 드신 분들의 경험과 기술을 유지해줄 수 있는 정책 지원이 필요합니다.

너무 빠른 제조업 --> 서비스업의 일자리 증가에 나름 완충작용의 정책이 필요한 듯합니다.

chapter 3

부동산 시행업

부동산 금융의 역사

2000년대 이전에는 개발 부동산 금융이라는 것은 시공사가 주축이 되고 금융기관이 시공사의 담보와 신용을 보고 대출을 해주었습니다.

지금처럼 부동산 금융 PF라는 것이 등장한 것은 2000년대 초 굿모닝 시티 사태가 발생한 이후였습니다.

수분양자의 계약금을 시행사가 마음데로 횡령하는 사태가 발생하자, 건분법이 생겼고 신탁사가 모든 자금을 관리하는 관토제도 (관리형토지신탁)가 생겼습니다.

이렇게 2010년까지 시공사, 거대 시행사를 통한 PF가 주를 이루었다가 2008년 금융위기가 발생한 후, 일반 상업은행에 BIS제도 (자기자본 비율)가 생겨나서

위험자산에 대출이 어려워졌지요.

자기자본비율=(자기자본/위험가중자산)×100

부동산 대출은 분양성의 리스크가 크기에 아주 위험자산으로 분류되어 일반 상업은행의 부동산 PF 대출이 크게 위축되었습니다. 또한 저축은행의 무분별한 부동산 PF로 인해 뱅크런 사태까지 일어나게 되었지요.

그러자 2010년경부터 정부가 14개로 나뉘어 있는 금융시장 관련 법률을 하나로 통합하고 금융상품에 대한 사전적 제약을 철폐하여 모든 금융투자회사가 대부분의 금융상품을 취급할 수 있도록 하는 법률. 자통법을 통해 대형화 겸업화된 투자은행(IB)의 출현기반을 마련하면서부터 증권사의 부동산 PF가 본격화되었습니다.

바야흐로 증권사 르네상스 시대가 열린 것이지요.

이후 시행사들이 난립해서 토지 계약금만 가지고 부동산 PF를 증권사에서 조달하게 되었고 적은 자기자본 때문에 증권사는 막대한 수수료와 금리를 요구(갈취)하게 되었습니다.

① 분양성 검토 없이 위험한 증권사의 대출
② 정부의 빚내서 집 사라는 가계대출 증가
③ 그를 통한 짓기만 하면 팔린다는 심리 자극
④ 무분별한 난 개발
⑤ 적은 자본의 시행사의 난립

이런 것이 일확천금을 노리는 시행업에 많은 사람들이 불나방처럼 뛰어들게 만든 요인이지요.

토지 계약금만 있으면, 토지만 계약하면, 자금은 증권사에 조달하고 사업수지상의 수치만 보고 투자금 대비 막대한 수익을 올릴 수 있다는 기대감을 갖게 한 것입니다.

시행업의 종말

이제 적은 자본으로 토지 계약금만 가지고 하던 시행업은 종말이 다가왔습니다.

정부가 대출을 규제하고 각종 규제를 쏟아내자 예전에 묻지마 분양성은 사라지게 되었습니다.

따라서 증권사들도 분양성이 없는 대출은 진행할 수가 없고, 대출의 안정성을 위해 충분한 자기자본을 요구합니다.

이제 계약금만 가지고 시행하던 시절은 종말을 고하고, 증권사들도 자체적인 구조조정을 하고 있습니다.

말 그대로 지난 10년의 증권사 르네상스 시대가 끝나가는 것이지요.

시행업자들이 계약금만 납입하고 증권사에서 자금을 조달하는 경우, 조달금액이 높아져서 LTV가 높아지게 됩니다.

예를 들어

① 토지비 100억원
② 총사업이 480억원 (토지비+건축비+일반 사업비) : 금융조달금액 : 450억원
③ 총매출액 600억 (주상복합)
④ 주거 450억원
⑤ 상가 150억원 (1,2,3층)
⑥ 자기자본 10억원인 경우
⑦ LTV (대출액/매출액) = 75%

이때 분양율이 주거 90%인 경우, 회수금액은 405억원, 상가 30%인 경우 (1층만) 약 60억원, 합해서 465원이 회수되니, EXIT 분양율을 계산하여 최종 계산해 보면 대주단만 상환하게 되고 미처 시공사가 약 10%의 잔여 공사비를 30억원 (480-450)중 15억원을 상환 받지 못하게 됩니다.

시행사는 추가 분양을 하거나, 아니면 담보대출을 받아서 시공사를 상환하게 되지요.

결국 시행사는 대물을 가지게 됩니다.

대물자산이어도 엄밀한 의미의 자산이므로 문제가 없지만 돈이 없는 시행사들은 그동안 투입비용조차 많은 금융비용이 발생하므로 실제로는 팔리지 않는 자산만을 가지게 되지요.

그나마 분양이 순조로울 경우이고 만일 분양성이 나쁘면 자산은 대주단에 넘어가고 본인은 한 푼도 건지지 못할 뿐 더러 잘못되면 빚을 떠 않게 됩니다.

그럼에도 불구하고 시행업에 미친듯이 달려드는 이유는
① 부동산은 필수재이므로 전문적인 마케팅이나 전략이 없어도 팔릴 것이라는 확신과
② 계약금만 지급하면 나머지는 금융에서 빚을 내서 할 수 있다는 생각
③ 수치상으로 남는 수익에 현혹되어 정말 그 돈이 전부 가기 것이라는 환상 때문입니다.

자기 돈이 아닌 빚으로 시작하는 사업이고, 분양성은 전문가도 모르는 것이고, 수치상의 수익은 실제 수익이 아니라는 것을 모르기 때문입니다.

• 시행업의 종말

시행업과 확증 편향

왜 공황은 일어날까,
왜 군중은 집단행동을 할까 등등….
고전 경제학에서 전제하는 인간은 항상 합리적인 선택만을 한다는 것인데 이에 위배되는 결과가 나오는 현상을 연구하게 된 학문이 바로 행동경제학입니다.

리처드 탈러 행동경제학 교수가 2017년에 노벨 경제학상을 수상하면서 더욱 주목을 받은 학문입니다.

행동 경제학은 투자자들의 감정과 행동을 이해하고 설명하려는 심리학에 기반을 두고 접근 방식입니다.
부동산 경제학에서도 시행사들, 금융기관들의 결정에도 이러한 현상이 많이 일어나는 것 같습니다.

행동경제학에서 제시하는 몇가지 효과 및 법칙에 대해서 말씀드리려고 합니다.

부동산 금융에서의 행동경제학을 설명 드릴테니 본인들도 여기에 해당하는 것은 아닌지 한번쯤 생각해보세요.

1 - 과잉확신

과잉확신(overconfidence)은 시행사들 사이에서 나타나는 가장 흔한 편향입니다. 시행사들은 자기 능력을 실제보다 더 확신을 갖는 경향이 있고. 과잉확신에 빠진 시행사들은 실제 능력보다 투자를 더 잘 통제할 수 있다고 생각합니다.

따라서 자기가 하는 일은 실패할 수 없다는 과잉 확신을 하게 됩니다.

2 - 군중 행동 (최신 추세를 쫓아다니는 경향)

군중 행동이 나타나는 또 다른 이유는 사회적 증거(social proof; 특정 상황에서 알맞은 행동을 나타내고자 할 때 다른 사람들의 행동을 따라 하는 심리적/사회적 현상)가 점점 커지고 있는 것입니다. 누가 시행업으로 돈을 벌었다고 너도 나도 하기만 하면 돈을 벌 수 있다는 잘못된 판단으로 사업에 뛰어들게 됩니다.

자신의 행동이 가끔은 비이성적이라고 생각하면서도 말입니다.

• 시행업과 확증 편향

3 - 손실 혐오(손실에 대한 공포)

주식시장에서 많이 발생합니다.

투자자가 손실 혐오 편향에 빠지게 되면, 주가가 더 상승해 수익이 늘어날 가능성이 있는 상황에도 작더라도 수익 실현을 바라게 되지요. 반대로 손실을 줄일 수만 있다면, 더 위험한 행동에 나서곤 합니다.

예를 들어, 주가가 10~15%만 상승해도 즉시 수익 실현에 나서는 반면, 주가가 하락해 손실 중인 주식은 다시 손익 분기점까지 반등하리라는 희망으로 주가가 50%까지 급락하는 상황을 버텨내려고 합니다. 그리고 설령 주가가 손익 분기점까지 반등한다고 해도, 안도감에서 그 부근에서 팔아버려, 추가 상승의 혜택을 누리지 못하는 경우가 발생합니다.

손실 혐오 편향은 손실을 받아들이지 못하게 가로막기 때문에, 더 큰 손실로 이어질 위험성을 무릅쓰게 만듭니다. 그렇기 때문에 투자자들은 자신이 예상했던 것보다 훨씬 큰 손실을 겪게 되고, 항상 뒤늦게 손실을 줄이기 위해 나서는 것이지요.

4 - 앵커링 효과

우리는 투자 결정을 할 때면 언제나 과거의 주가에 앵커링(고정 또는 매몰) 되는 경향이 있습니다. 예를 들어, ABC라는 주식이 어제 1달러에 거래되었고, 현재

1.3달러에 거래 중이라면, 이미 30%나 주가가 상승했기 때문에 이 주식을 사고 싶은 마음이 줄어드는 것이 그 예입니다.

특히 가치 투자자들 사이에 흔히 나타나는 또 다른 앵커링 편향은 주가가 상승하면 더 이상 추가 매수를 멈추는 것입니다. 반면, 초기 매수가 보다 주가가 낮아지면 비중을 더 늘리려고 하지요.

이로 인해 손실 중인 주식은 비중이 과대해지고, 수익 중인 주식의 비중은 과소해질 가능이 높아지며, 종종 불균일 하거나 저조한 수익률로 이어지고, 장기적으로 손실을 가져오게 됩니다.

투자자들은 주식의 초기 매수가 같은 처음 정보에 앵커링된 채 결정을 내리고, 새로운 정보로 생각을 바꾸는데 어려움을 겪게 됩니다.

5 - 확증 편향

종종 자기 의견에 맞은 것만 골라서 보고 믿고 싶은 정보만 보게 되는, 이를 확증 편향(confirmation bias)이라고 부릅니다.

시행사는 자신이 투자한 이유에 거슬리는 정보보단, 그 이유에 합치되는 정보를 더 찾는 경향이 크게 됩니다.

- ✔ 편향된 정보 찾기. 확증 편향에 빠진 시행사는 기존의 믿음에 부합하는 정보만 찾고, 모순되는 정보를 무시합니다.
- ✔ 편향된 정보 선호. 확증 편향에 빠진 시행사는 자기 믿음에 부합하는 정보를 더 중요하게 생각하고, 모순되는 정보의 중요도는 낮춥니다
- ✔ 편향된 정보 해석. 확증 편향에 빠진 시행사는 정보를 자기 믿음에 맞게끔 해석하고, 심지어 그 정보다 믿음에 배치되는 경우에도 아전인수식으로 해석하는 경우도 있습니다.
- ✔ 편향된 정보 기억. 확증 편향에 빠진 시행사는 자기 믿음을 부합하는 정보만 기억하고, 모순된 정보는 잊어버리거나, 모순된 정보가 자기 믿음에 부합한다고 잘못 기억합니다.

우리는 인간이기에 어쩔 수 없이 우리가 믿고 싶고 보고 싶은 것만 보려고 하는 본성이 있습니다.

자기가 보고 싶고 듣고 싶은 것만 듣는 것을 휴리스틱이라고 하고 그로 인하여 잘못된 판단과 결정을 하는 것을 바이어스라고 합니다.

대부분의 시행사들은 자기가 휴리스틱, 바이어스에 빠져 있는 줄을 전혀 모르고 있습니다.

부동산과 심리학

아래의 그림은 인간의 미래를 풍자한 그림입니다.

가끔 미래 공상 과학영화에서 우주인은 머리가 크고 몸집은 작은 형태로 나옵니다.

그 이유를 설명하는 그림입니다.

인간이 점점 척추가 줄어들 수 밖에 없는 이유를 설명하는 것이지요.

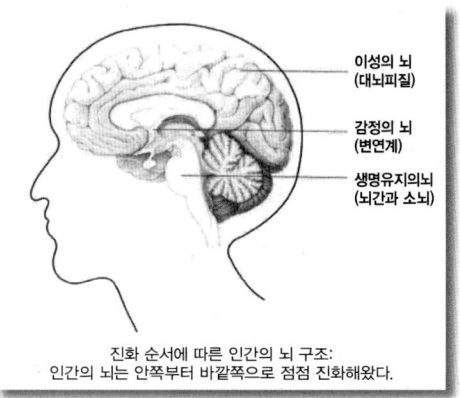

진화 순서에 따른 인간의 뇌 구조:
인간의 뇌는 안쪽부터 바깥쪽으로 점점 진화해왔다.

제가 인간의 뇌는
- 파충류의 뇌(뇌간)
- 포유류의 뇌(변연계)
- 인간의 뇌(대뇌피질)

로 발달했다는 말을 한적이 있습니다.

결국 오늘날의 인간은 대뇌피질이 만들었고, 이성적인 판단은 좌뇌가 감정적인 판단은 우뇌가 하여 학문과 예술을 발달시키게 된 원동력이라고 합니다.

하지만 변연계 속에 들어 있는 인간의 본성은 변하지 않는다고 들 하지요.

그래서 심리학 용어인

- ✔ 휴리스틱(Heruistic) : 긍정적으로 생각하려는 성향과
- ✔ 바이어스(Bias) : 그로 인한 잘못된 결정

도 설명이 되고,

인간이

- ✔ 파워에지 : 경쟁본능(남성)
- ✔ 리딩에지 : 새로운 것에 대한 호기심 (도구)
- ✔ 리스크에지 : 위기회피에 대한 본능 (여성)

세가지 본능을 가지고 있다는 것도 설명이 됩니다.

경제학에서 말하는 시장이라는 것은 결국 개개인의 심리가 어떠하냐 하는 것을 표현하는 것입니다.

미국이 금리를 인상했을 때, 사람들이 어떤 심리로 판단을 하고 행동을 하느냐를, 시장이 어떻게 반응하느냐 하는 말로 표현을 합니다.

주식시장, 채권시장, 환율시장, 원자재시장 등은 결국 참여자의 어떤 상황에 대한 심리상태를 말하고 그에 대한 대응 태도를 말하는 것입니다.

시장의 참여자들이 극도의 불안심리를 보여 투매가 일어나는 것을 공황이라고 하고, 참여자들이 묻지마 투자의 휴리스틱과 바이어스의 태도를 보이는 시장을 버블이라고 합니다.

이런 이유로 경제학이 결국은 심리학이라고 부르는 것이지요.

경제학의 이상주의는 배려와 공생입니다.
누군가가 돈을 벌면 누군가는 돈을 잃어야 하는 것이 자본주의 구조입니다.

다만 1%가 모두 벌면 99%가 모두 돈을 잃어야 하기에 폭동과 공황이 일어나는 것입니다.

하지만 아담스미스와 칼마르크스는 경제학을 연구한 이유가 모두가 잘사는 국가를 만드는데 그 목표가 있었습니다.

지금의 우리나라 경제도 1:99의 구조로 가고 있는 듯해서 우려됩니다. 기업은 임금을 높이고 근로자는 그것으로 소비를 일으켜 다시 기업이 투자할 여력을 가지게 해야 합니다.

혼자만의 이기심과 탐욕으로 대박을 꿈꾸며 부동산에 투기하는 것은 경제학의 이상인 배려와 공생과는 먼 파멸로 가는 길입니다.

 부동산 시행업을 꿈꾸는 사람들은 자기는 99가 아닌 1에 속할 것이라는 기대를 합니다.
 하지만 반대로 시행업이 성공하려면 99가 시행업자를 1로 만들어 주어야 합니다.

 즉, 성공할 확률이 1%라는 이야기입니다.

인구와 부동산

인구감소가 날로 심각해지고 있습니다.

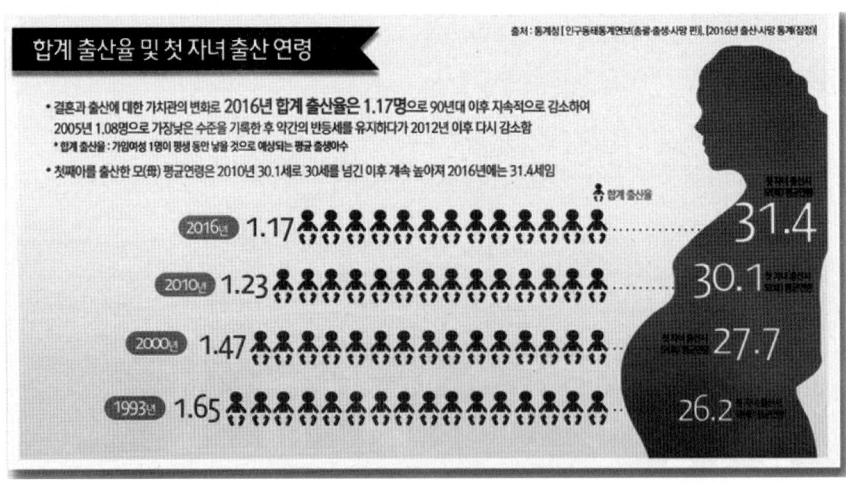

합계출산율이라는 것은 가임가능 여성이 평생 낳을 것으로 예상되는 자녀의 숫자입니다.

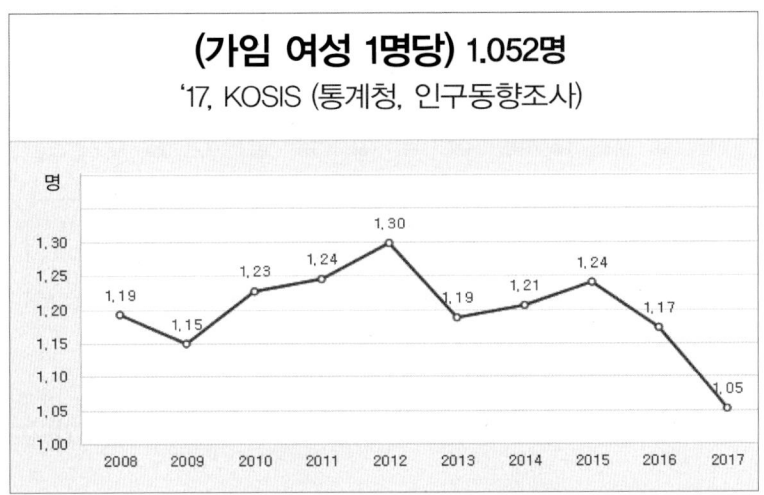

내년에는 1명이 붕괴될 것이라고 예상을 하고 있습니다. (현재 0.9)

전세계 224개국중 2016년에 220위였는데, 2019년에는 최하위 224위를 기록할 것으로 예상이 된다고 합니다.

• 인구와 부동산

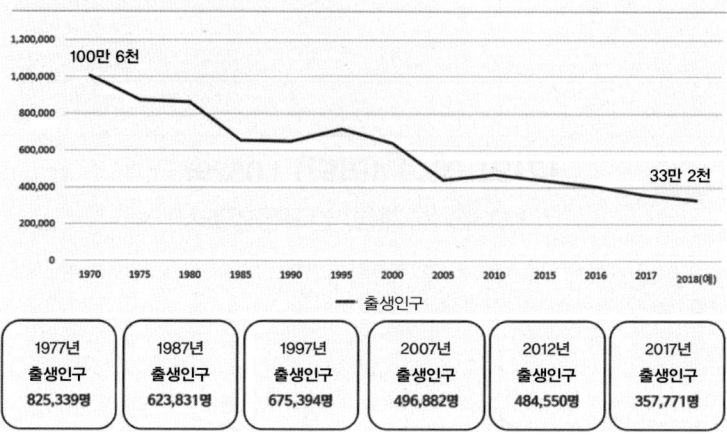

위의 그래프는 지난 48년간 출생인구의 감소를 나타내는 그래프입니다.

그리고 이에 따른 부동산의 영향을 살펴보면 다음 그래프와 같습니다.

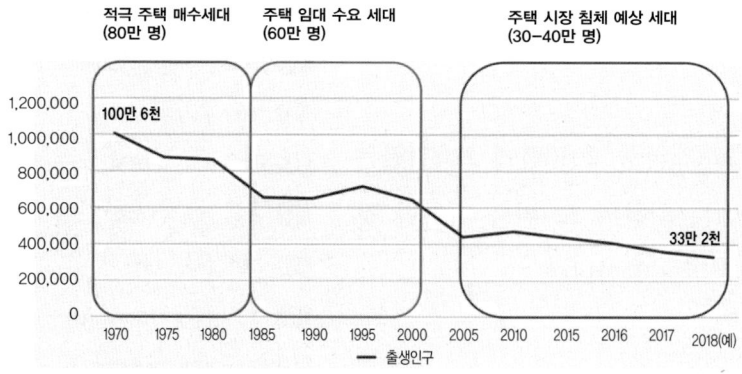

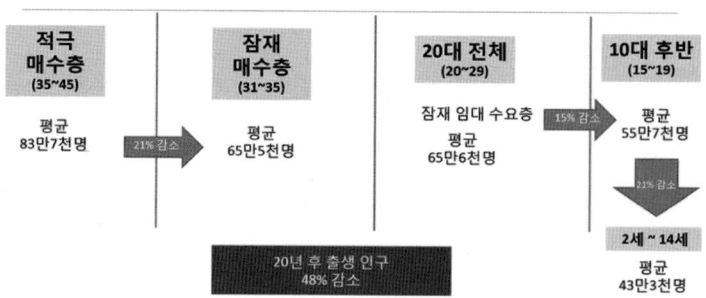

베이비 부머 세대인 80만명이 주택을 매수하는 세대들이고
이후 1985년 출생한 연간 출생자수 60만명 세대가 주택 임대 수요 세대입니다.
그리고 2000년대 이후 연간 출생자수 30만명 세대에는 부동산 암흑기 세대라고 일컬어 지지요.

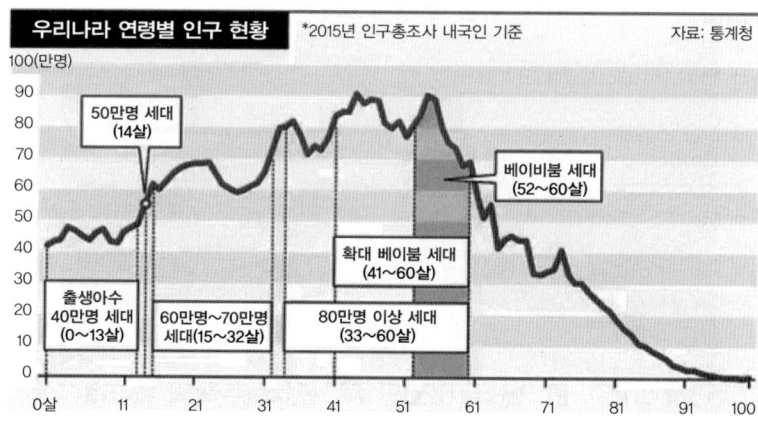

• 인구와 부동산

향후 10년간에는 부동산에 인구의 감소가 큰 영향을 미치지 않을 수 있습니다.

인구 자연 증가율도 출생아가 적어도 고령화가 커져 오래 사는 사람들이 많기 때문입니다.

그런데 2022년 처음으로 우리나라에도 인구 감소가 나타날 것이라고 예상하지요.

일본은 생산가능인구가 감소하면서 인구 자연증가율이 마이너스로 떨어지는 경우가 발생하는데 13년이 소요되었습니다.

그런데 한국은 2017년 생산가능인구가 마이너스로 추락한 이후 2022년에 인구감소가 이루어진다고 하니, 일본보다 2배 이상 빠른 속도로 인구감소, 고령화가 진행되고 있는 것이지요.

늙어가는 일본의 그늘이라는 다큐멘터리 방송이 있었습니다.
앞으로 10년후 우리나라 부동산 시장의 모습이기도 합니다.

베이비부머 세대가 존재하던 출생자수 한 해 80만명의 세대가 존재하는 한 부동산 불패의 신화는 유지될 수 있었습니다.

하지만 이제 인구감소로 인해 20년이내에 부동산 불패의 신화는 산산조각날 위기에 봉착했지요.

생산 가능 인구와 부동산

생산가능인구가 정점에서 하락하게 되면 부동산은 냉각기를 가지게 됩니다. 실 사례는 일본, 미국, 유럽 등 많이 있습니다.

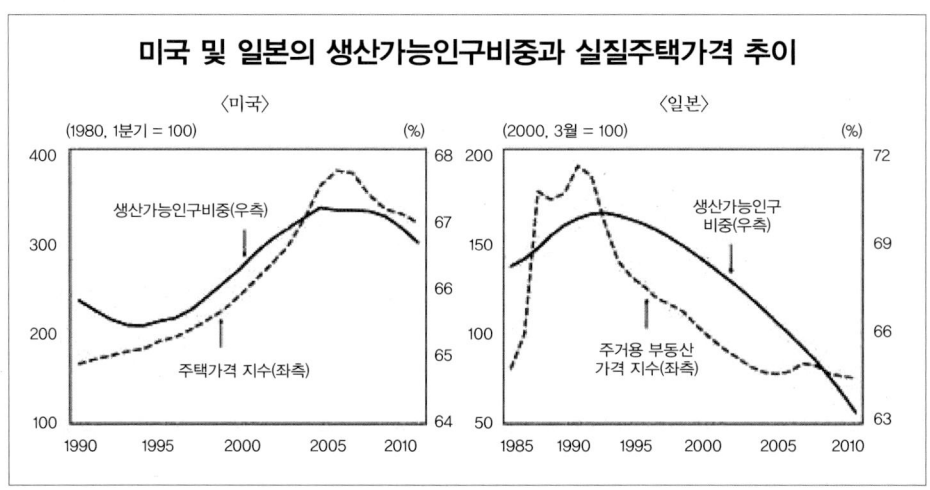

우리나라의 경우는 다음과 같습니다.

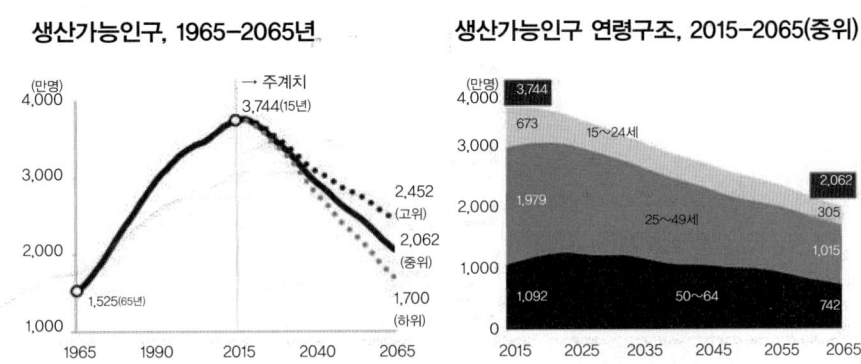

그런데 감소속도가 세계에서 제일 빠릅니다.

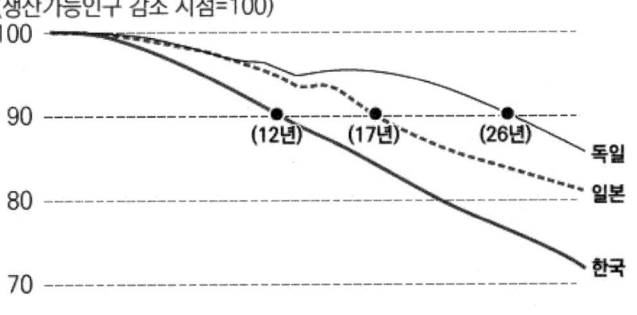

결국 생산가능인구가 (15-64세) 감소한다는 것은 주택을 구입할 수요가 줄어든다는 것이고 지금처럼 정부의 강력한 규제가 계속되면, 베이비부머 세대가 부동산에 투자하여 일정한 수익을 올릴 수 없다고 판단되어, 분양성이 극도로 악화됩니다.

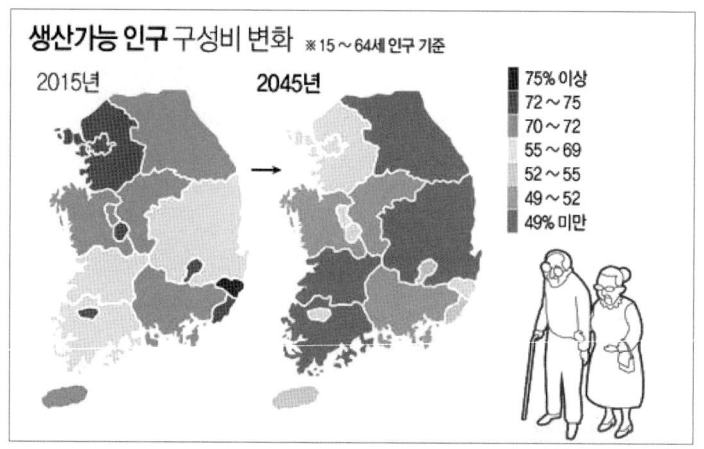

위의 도표를 보면 왜 부동산이 지방과 수도권으로 양극화되는지를 잘 보여줍니다.

즉, 생산가능인구가 많은 곳은 수요가 많고, 생산 가능인구가 적은 곳은 수요가 적은 것이기에 분양성이 악화될 수밖에 없는 것이지요.

가처분 소득과 부동산

국민소득은 크게 생산측면 (GDP), 분배측면 (GDI), 지출측면 (GDE), 가처분소득 (PDI) 이렇게 세분할 수 있습니다.

그리고 이것이 경제의 3요소 정부, 기업, 가계 중 가계를 나타내는 경제지표입니다.

가처분 소득이라 함은

국민소득 통계상의 용어로 개인소득 중 소비·저축을 자유롭게 할 수 있는 소득으로 개인가처분소득이라고도 합니다. 어느 일정기간에 개인이 획득하는 소득과 그가 이를 실제로 자유롭게 소비 또는 저축으로 처분할 수 있는 소득과는 차이가 있는데, 이 후자의 경우를 가처분소득이라고 하지요. 구체적으로는 가처분소득이란 개인소득에서 개인의 세금과 세외부담, 즉 이자지급 등 비소비 지출을 공제하고 여기에 이전소득(사회보장금·연금 등)을 보탠 것으로서, '가처분소득=개인소비+개인저축'으로 나타낼 수 있습니다.

가처분소득은 국민경제에서의 소득분배의 평등정도를 측정하는 자료로 쓰이기도 합니다.

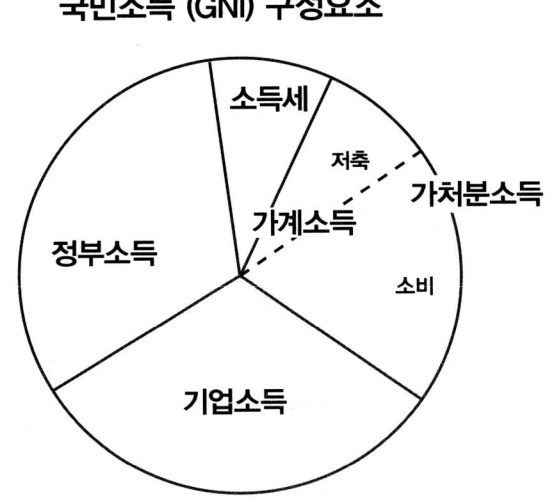

PIR이란 연소득을 모두 모아 주택을 구입하는 데 걸리는 기간으로, 주택 가격을 가구 소득으로 나눈 수치입니다. 즉 가구의 주택 구입 능력을 나타냅니다.

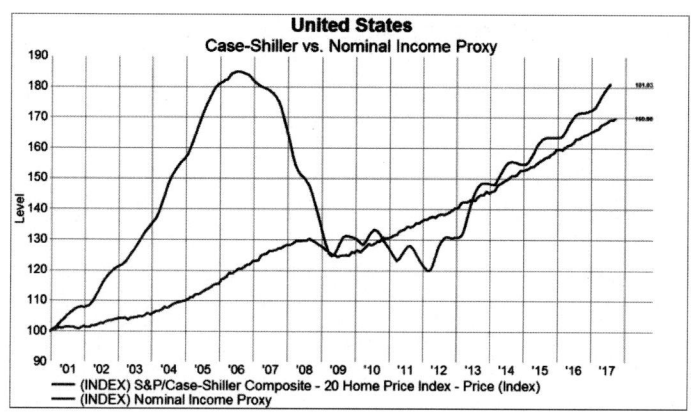

위의 그래프는 미국의 소득 대비 주택가격지수를 나타내는 것이지요.

2001-2009까지 주택가격이 소득대비 엄청나게 상승한 것을 보여주고 이것이 서브프라임 모기지 사태를 일으켰습니다.

한국의 실질, 명목소득의 추이는 다음과 같습니다.

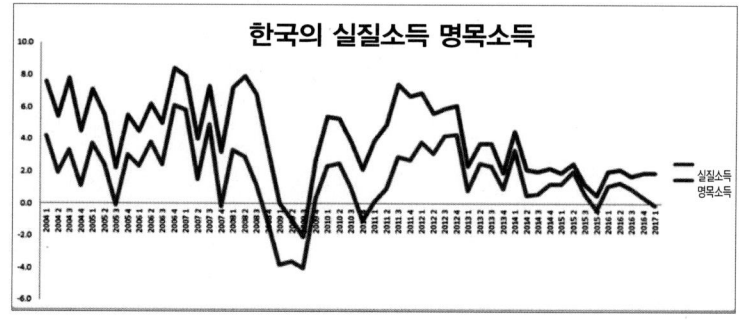

• 가처분 소득과 부동산

131

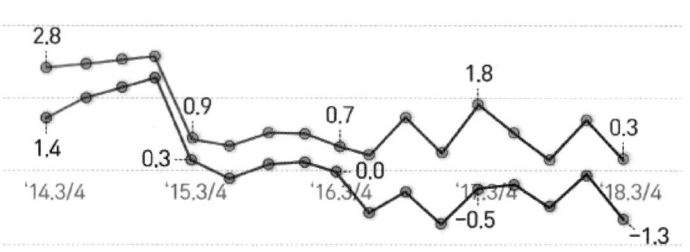

그리고 전국과 서울의 소득대비 주택가격 추이는 다음과 같습니다.

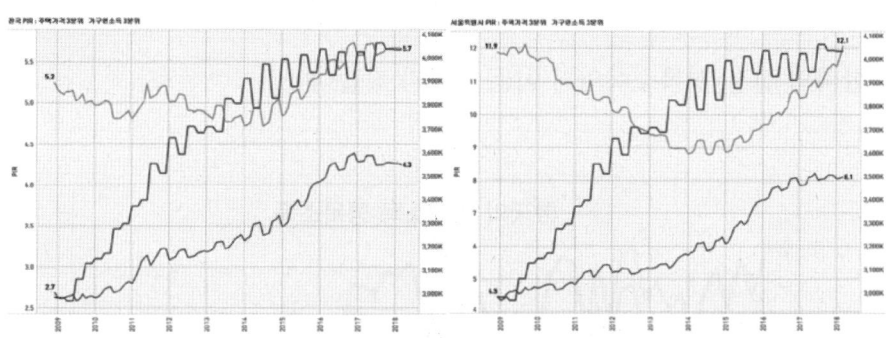

좌측이 전국이고 우측이 서울입니다.

중위소득이 3분위 소득을 기준으로 한 것입니다

빨간색이 중위 가구의 월 소득 추세입니다.

주황색은 PIR이고

파란색은 소위 말하는 J-PIR이라고 소득대비 전세가격입니다.

소득은 둔화되고 주택가격지수는 상승하고 있습니다.

가계부채 비율은 위와 같습니다.

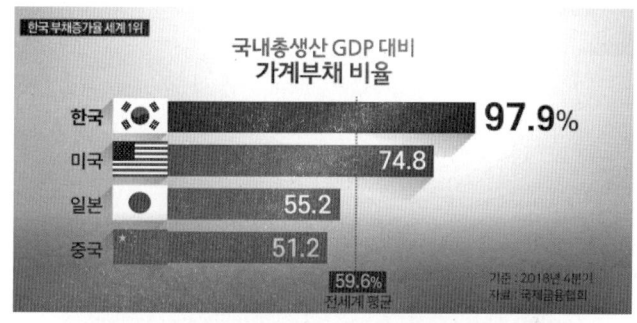

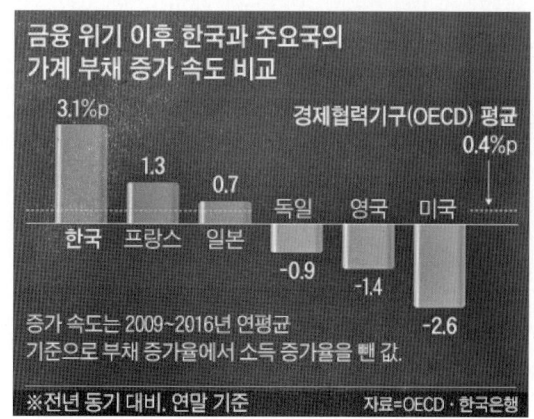

• 가처분 소득과 부동산

결론적으로 가계부채는 증가하고, 가처분 소득대비 주택가격은 상승했기에, 현재와 미래는 주택가격은 하락할 것이라는 것을 말씀드리고 싶었습니다.

우리나라 자가비율은 54%입니다.
나머지는 다주택자로 주택이라는 자산에 투자하는 수요입니다.
그런데 현재 54%도 주택을 구입할 여력이 없으면, 투자자들은 부동산 자산에 매력을 느끼지 못하게 됩니다.

부동산과 행동경제학

행동경제학이란 인간이 합리적인 선택만을 한다고 가정한 고전 경제학에 심리를 접목시켜, 인간이 합리적인 행동을 하지 않는 것을 전제로 경제학을 설명하는 학문입니다.

전통경제학을 방향을 고려하지 않고, 심리를 고려하지 않은 상태에서 빠르기만을 고려한 속력이라고 표현하면 행동경제학은 방향(심리)을 고려해 빠르기(속력)를 측정하고 예측하는 속도를 연구하는 학문으로 비유됩니다.

부동산은 유난히도 심리가 많이 작용하는 자산이기도 합니다.

부동산의 주요 요소 중에 수요와 수요량은 구별되어야 합니다.

일반적으로 수요 공급 곡선에 따르면 공급이 늘어나면 가격이 내리고, 공급이 줄면 가격은 오르게 됩니다.

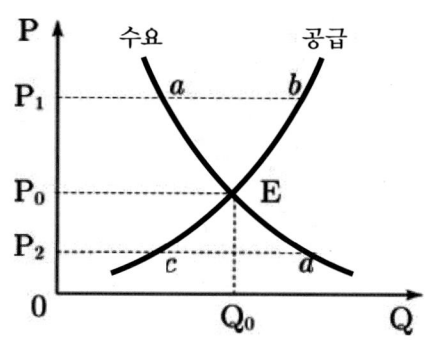

그런데 독특하게 주택시장은 가격이 상승하면 수요량이 증가하는 현상을 나타내기도 합니다.

일반적인 재화의 경우, 가격이 상승하면 수요량이 감소해야 하는데 반대의 현상이 생기는 것이지요.

여기서
수요는 소득, 인구, 대출, 금리, 가구수가 변수입니다.
수요량은 투자와 투기 수요가 변수입니다.

즉 수요는 실 수요이고, 수요량은 투자 및 투기 수요인 것이지요.

일반적으로 투자자 입장에서 가격이 오르면 소비를 넘어 투자 가치가 있다고 판단되어 수요량이 증가하게 됩니다. 즉, 가격 상승이 투자자의 입장에서는 좋은 시그널로 받아들여져 오히려 수요량이 증가한다는 것입니다.

최근에 거래량이 급감을 하고 있습니다.

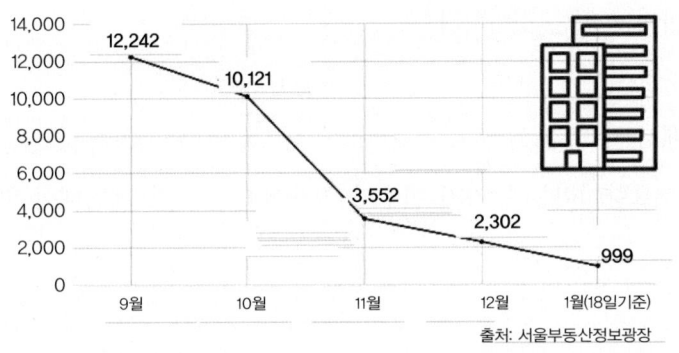

이런 이유는 가격상승과 대출규제로 인해 수요량이 급감한다는 것을 나타냅니다.

거기에 전세가율이 낮아지고 있지요.

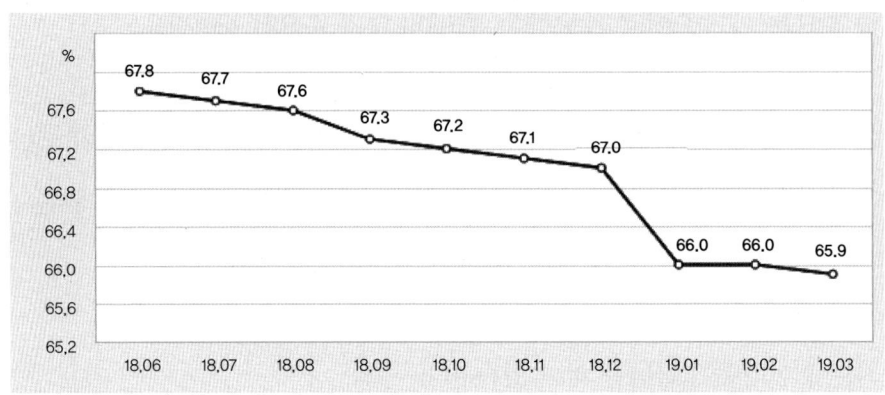

이는 결국, 전세, 대출 등으로 아파트를 구매하는 투기 수요량이 급감하기에 가격이 낮아지고 있는 것입니다.

부동산에서는

수요와 수요량이라는 두가지 변수가 존재한다는 것을 유념해야 합니다.

부동산 하락과 민스키 모멘트

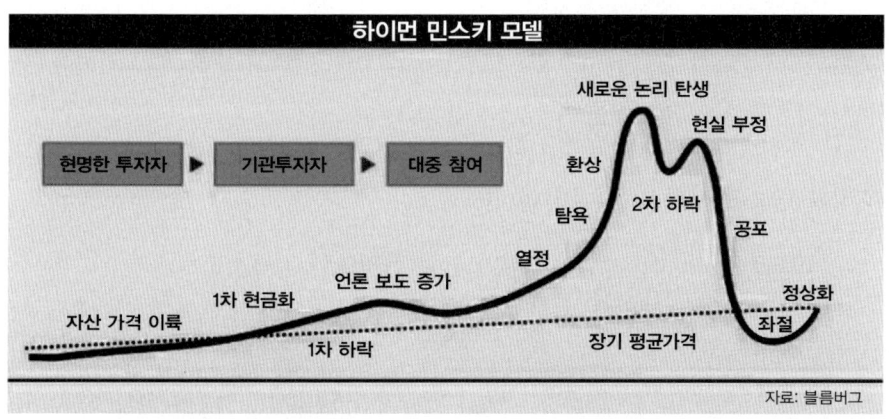

 미국 경제학자 하이먼 민스키(Hyman Minsky)가 주장한 이론으로, 과도한 부채 확대에 기댄 경기호황이 끝난 뒤 은행 채무자의 부채상환 능력이 나빠져 채무자가 결국 건전한 자산까지 내다팔아 금융시스템이 붕괴하는 시점을 말한다고

여러 번 언급한 적이 있습니다.

제가 보기에는 2차 하락이 오고 혹시나 다시 오를 것이라는 낙관론을 펴는 전문가들은 현실부정의 단계에 있는 것이 아닌가 합니다.

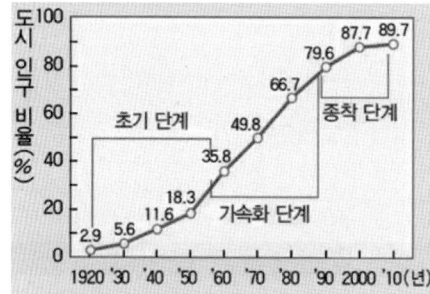 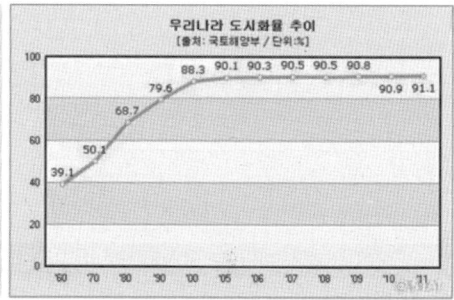

우리나라의 도시화율을 나타냅니다.

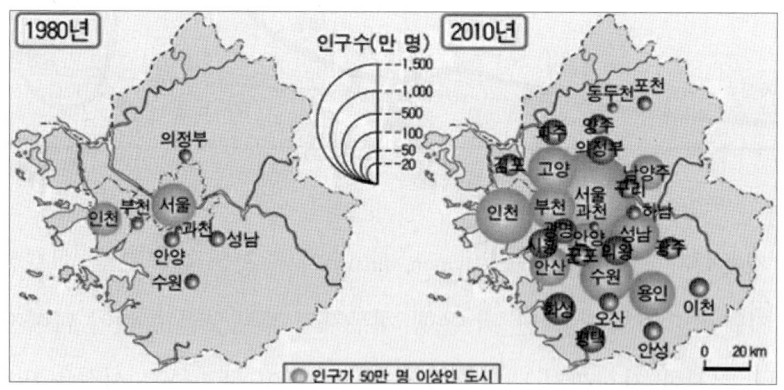

점점 경제와 사회가 발전하면서 도시화 현상은 깊어만 가는 것이 세계적인 현상이지요.

이것은 정부 차원에서 복지차원으로 정책을 표기도 합니다.

도시로 몰려드는 국민에게 편의시설과 주거, 그리고 교통편의를 제공하는 것이 일종의 복지정책이니까요.

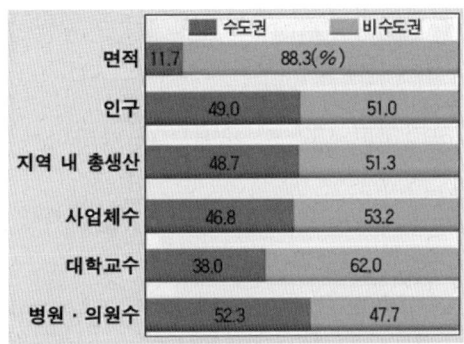

그래서 건설에 대한 투자가 많습니다.

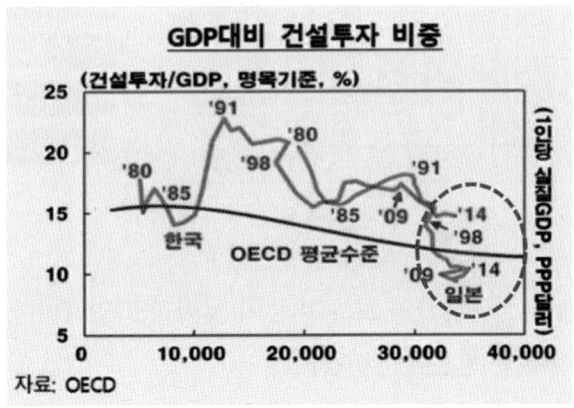

• 부동산 하락과 민스키 모멘트

일본의 경우 주택경기 버블이 꺼지고 건설투자 비중은 극도로 낮아졌습니다. 사회간접자본에 대한 투자도 극도로 약해졌습니다.

올해부터 우리나라도 도시화가 높아지면 건설투자부분에 대한 SOC투자가 적어집니다.

이런 것은 도시화가 진행될 수록 선진국에서는 당연한 추세입니다.

또하나 부동산이 하락하고 민스키 모멘트가 나타나는 징후로 개인 자산의 변동추세를 들 수 있습니다.

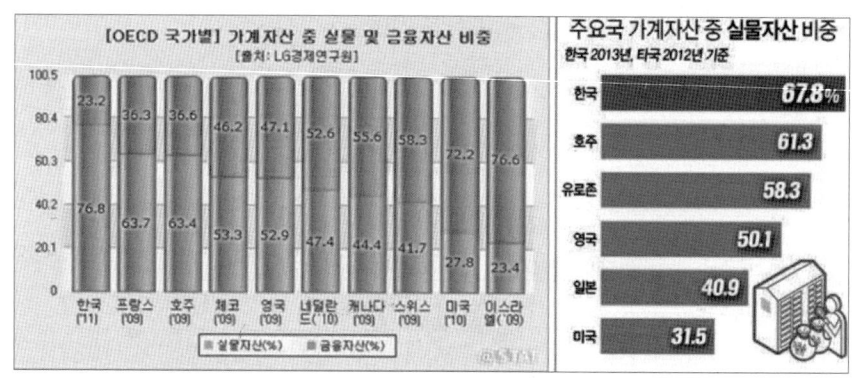

우리나라도 점점 실물자산의 보유 비중이 낮아지고 있습니다.

특히 기업이 심하게 축소되고 있습니다.

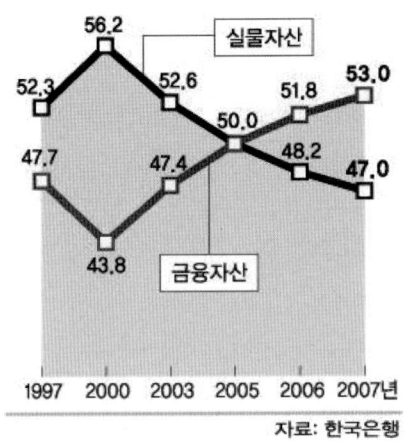

부자들과 기업은 실물자산의 비중을 낮추고 개미들은 막차를 타기 위해 실물자산에 투자를 하는 형국이기에 위험하다는 것이지요.

1. 환상 탐욕
2. 새로운 논리를 부추기는 언론
3. 2차하락
4. 현실 부정
5. 공포
6. 좌절과 투매

이러한 현상이 곧 닥칠 수도 있습니다.

• 부동산 하락과 민스키 모멘트

chapter 4

부동산 PF

자금이 조달되는 과정과 금융의 3가지 요소

투자 기관의 돈은 어떻게 만들어 지나?

많은 금융인들이 자기들이 투자하는 돈이 어디서 오는지를 모르는 경우가 많지요.

자금을 조달하는 방법에 따라 금리와 취급수수료 등이 결정되지요.

[상업은행, 저축은행, 단위조합 등]

수신을 근거로 신용창조를 통해서 자금을 조달합니다.

5천억의 돈이 예금으로 수신되고 지급준비율이 3.5%인경우 은행에서 대출해 줄 수 있는 돈은 6조 60억원이 됩니다.

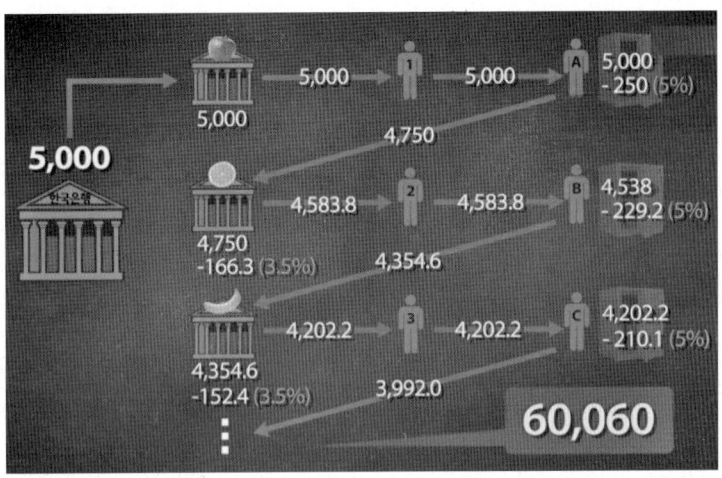

[신탁사, 캐피탈사]

회사채를 발행하여 자금을 조달합니다.

발행하는 기관의 신용등급이 최소 A등급 이상이어야 합니다.

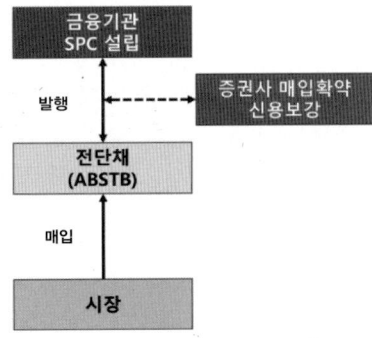

• 자금이 조달되는 과정과 금융의 3가지 요소

[증권사]

전단채 (ASSET BACK SHORT TERM BOND)를 발행합니다.

[펀드, P2P, 리츠]

투자자들에게 자금을 유치하여 조달합니다.

금융의 3가지 요소
- ✓ 기초자산 (담보)
- ✓ 현금흐름 (상환)
- ✓ 신용보강 (보증)

프로젝트 파이낸싱(PF) 이란?

외국과 달리 한국에서는 PF라면 대부분 부동산 PF만을 지칭합니다. 그래서 부동산 PF만을 다루려고 합니다

미확정 담보부 대출이 정확한 명칭이지요. 사람들은 프로젝트를 보고 대출을 하는 것이라고 말하지만 이는 금융학적으로 맞지 않습니다.

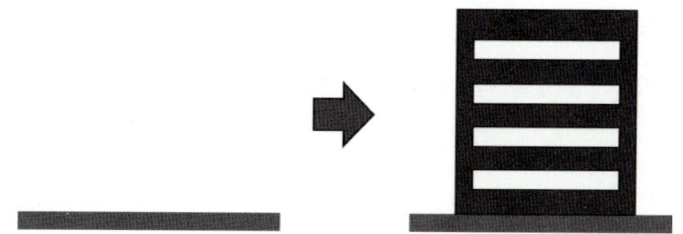

아무것도 없는 나대지에 세워질 건물이 기초자산입니다. 그래서 미확정 담보인 것이지요.

그리고 수분양자들이 입금시키는 계약금, 중도금, 잔금이 바로 현금흐름입니다.

① 이 기초자산이 확실히 건물이 된다는 것을 보장하기 위하여 시공사에게 책임준공의 의무를 준수하게 합니다.
② 해당기간내에 반드시 건물을 지어서 금융기관이 담보를 확보할 수 있게 한다는 것을 보장하는 것이 책임준공이지요.
③ 시공사는 책임준공을 하지 못하는 경우, 대주단에서 대출한 채무를 변제하겠다고 약속을 합니다.
④ 채무를 변제하는 방법이 무엇이냐고 대주단이 물으면
⑤ 시공사는 회사채를 발행해서 채무를 변제하겠다고 합니다.
⑥ 그러면 대주단은 회사채가 시장에서 유통되는 신용등급인지를 확인합니다.
⑦ 신용등급이 AA-이상이면 유통이 가능해 채무변제가 가능하다고 인정이 됩니다.
⑧ 우리는 도급능력이 공사규모를 감당할 수 있고, 회사채 발행신용등급이 AA-이상인 시공사를 1군 시공사라고 하지요.

- ✔ 기초자산 : 미확정담보물 (준공될 건물)
- ✔ 현금흐름 : 분양 수입

✔ 신용보감 : 시공사 책임준공 확약

[신용 보강의 종류]
✔ 책임준공 신용보강

시공사가 도급능력은 되는데 회사채를 발행하지 않거나, 회사채 신용등급이 낮은 경우, 신용보강을 통해서 책임준공의 완수를 대주단에게 보여주어야 하지요.

두가지의 방법이 존재합니다.

회사채 신용등급이 우수한 회사가 책임준공을 보증하는 경우 (삼호건설을 대림산업이 보증)

회사채 신용등급이 AA0이상인 금융기관이 책임준공을 보증하는 경우 (KB부동산신탁 책임준공 보증 "책준")

✔ 신탁사 책임 준공 보증
① KB부동산 신탁, 하나은행자산신탁에서 책임준공 보증 신탁상품이 있지요.
② 매출액의 2%를 수수료 챙기고
③ 보통 신탁수수료는 50%는 선취, 50%는 후취입니다.
④ 최저 신탁수수료는 10억이지요. (수수료가 10억이 안되면 책준을 하지 못합니다)
⑤ KB부동산 신탁이 2014년 처음 시작한 상품이고 2016년 한자신이 이의를 금감원에 제기해 중단되었다가, 2016년 11월 금감원의 최종 책준상품이 신

• 프로젝트 파이낸싱(PF) 이란?

탁사 운용상품 적합 판단을 받은 이유, 2017년 활성화되어, 2017년 까지 KB가 35건, 하나자산신탁이 약 25건을 집행했지요

⑥ KB가 주요증권사로부터 인정을 받는 이유는 실적이 워낙 뛰어난데다 내부에 시공사 지원부서가 있어 시공사별로 도급가능금액, 현금흐름 등을 면밀히 관찰 분석하는 기능을 수행하기 때문입니다.

⑦ 한자신, 코람코 등도 책준을 시작했지만, 증권사에서 인정하지 않는 이유는 신용등급이 낮아서 입니다.

⑧ 그리고 KB부동산 신탁 사장님이 개발신탁 사업현장은 방문하지 않아도 책준 시공사는 방문합니다. 이유는 회사의 규모 분위기 대표이사의 자질 등을 직접 확인하기 위해서 입니다.

⑨ 이상한 기업을 보증해주었다가 낭패를 볼 수 있으니까요.

⑩ 현재의 책준은 신탁사의 경쟁으로 인해 최저 신탁 보수 10억원이 없어지고, 매출액의 2%이며, 큰 사업장보다 단기 준공 사업장, 매출액이 작은 것을 선호합니다.

✔ 미담 확약

① 미분양 담보 대출 확약입니다.

② 책임준공이 기초자산인 건물에 대한 신용보강이라면, 분양대금의 현금흐름에 대하여 신용보강을 하는 것이 미담 확약입니다.

③ 미분양이 발생할 시 대주단의 대출금을 인수하고 미분양 담보물건을 인

수하는 금융상품이지요.

④ 이전에 신탁사가 하던 매입확약과 유사합니다.

⑤ 수수료는 물건에 따라 다르며 확약금액의 4% 이상을 수수료로 받습니다. 메리츠증권의 주력상품이었습니다. 이유는 메리츠가 종금 라이선스를 가지고 있어 다른 증권사보다 대손충당금, RWA 비율이 1/10이기 때문입니다.

⑥ 다만 미담확약은 분양률 트리거를 두게 됩니다.

⑦ 그리고 수수료는 3-4% 정도이지요.

✓ CDS (Credit Default Swap)

책임준공확약, 미담 확약은 모두 CDS (신용부도스왑)입니다. 대출이 만일 부도가 날 경우를 대비한 보험의 성격이지요. 1994년 JP모건의 젊은 파생상품 그룹 인재들이 만든 금융상품이 이렇게 쓰이는 것이지요.

이렇게 프로젝트 파이낸싱이란 미확정 건물을 기초자산으로 대출을 일으키고 담보확보에 대한 신용보강을 건설사의 책임준공으로 하고 분양대금의 현금흐름에 대한 상환 가능성을 위해 보험으로 미담확약을 신용 보강하여 일어나는 금융상품입니다.

PF의 종류

[증권사 PF]

✔ 증권사의 종류

구분	금융기관	선순위	중순위	후순위	주관	PI	특이사항
A그룹	H증권, M증권	O	X	X	O	O	PI는 H증권만
B그룹	H1증권, H2증권, M증권	O	O	O	O	X	
C그룹	I,B,D,S,K등등	X	O	O	O	X	
D그룹	기타 소규모 증권사	X	X	X	O	X	

① PI는 Principal Investment로 Equity에 해당됩니다.

② 증권사의 영업정책에 따라 변경됩니다.

✓ 금리 및 상환 순서

구분	금리	취급 수수료	대출순서	상환순서
선순위	5-6%	1-2%	3	1
중순위	7-8%	5-7%	2	2
후순위	8-10%	6-10%	1	3
금융주관 수수료	1-2%			

✓ 사업별 승인 가능한 LTV

구분	선순위	중순위	후순위
상가	40%이하	50%이하	60%이하
지식산업센터	50%이하	60%이하	70%이하
오피스텔	60%이하	70%이하	80%이하
아파트	70%이하	80%이하	80%이하

위와 같은 LTV가 증권사별 사업승인의 기준이 됩니다

[저축은행 PF]

① 저축은행법에 의해 저축은행 PF는 자기자본이 20% 이상 되어야 합니다.

② 분양률이 50% 이상이면 100% 도급

③ 주관 저축은행이 저축은행별로 50억원 한도내에서 필요자금을 조달합니다.

최근에 저축은행은 증권사 PF처럼 한도기표 + 일괄기표 방식을 사용합니다 이는 부동산 PF 한도를 회피하기 위한 것이며 한도기표 + 일괄기표를 각각 50%씩 조달합니다.

• PF의 종류

가치평가

감정평가사들이 준공 후 건물의 가치를 평가하고 그 건물의 최대 70% 이하만 대출이 가능합니다.

이런 이유로 자기자본이 20%를 충족하여야 합니다.

[개발신탁 (차입형신탁사업)]

① 신탁사가 무조건 토지 신탁의 1순위가 되어야 합니다.

② 이를 위해 시공사 미확정 공사비를 담보로 대출을 하는 ABL(ASSET BACL LOAN)을 시행하여 토지 대금의 선순위 대출을 상환합니다.

③ 시행권은 시행사에서 신탁사로 이전됩니다. 따라서 신탁사가 자금 조달의 책임을 맡고 건물을 완공하여 분양을 한 후, 신탁사가 조달한 자금이 회수되지 못하면 리츠사에 건물을 매각하므로 시행사는 토지를 잃을 위험성이 있습니다.

④ 많은 분들은 이 점을 우려하여 개탁이 안 좋고 위험하다고 생각하나, 결코 분양성의 문제이므로 나쁜 것 만은 아닙니다. 어차피 분양이 안되면 시행사가 모든 채무를 상환해야하기에 신탁사가 사업을 리츠에 처분하는 경우, 시행사는 토지비에 대한 손실만 기록하는 것이지요.

⑤ 다만 어떤 경우 시공사도 ABL로 조달한 금액마저 손실을 입을 수 있으며, 보통의 경우, 신탁사는 공사비를 최대 90%만 확보합니다.

ABL

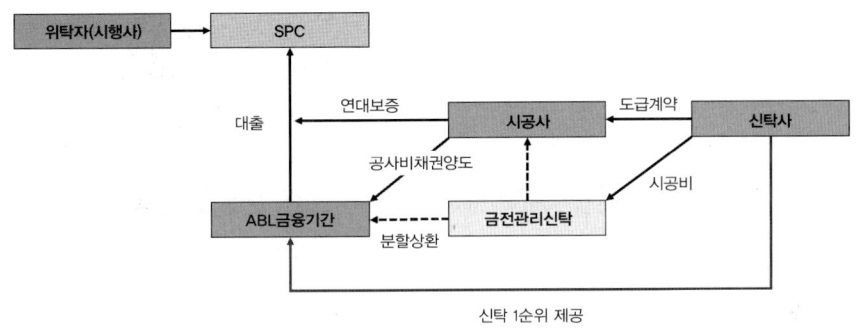

① 위탁자의 파산 압류 등을 이유로 SPC를 설립하게 합니다.
② ABL대출 금융기관은 SPC에 공사비의 일반적으로 10%내외를 대출합니다.
③ 이때 기초자산은 신탁사가 시공사에게 지급하기로 약정한 공사대금입니다.
④ 이것을 근거로 시공사가 ABL금융기관의 SPC에 대한 대출에 대하여 신용보강(보증)을 합니다.
⑤ 현금흐름은 신탁사가 기성금을 지급하면 금전관리 신탁계좌로 수령하고 금전관리 신탁 1순위권을 가진 ABL금융기관이 분할상환금을 인출하지 않으면 시공사가 기성금을 인출할 수 없습니다.
⑥ ABL 금융기관은 시공사가 부도가 나는 것을 대비하여 신탁사에게 신용보강을 요청하고 신탁사는 신용보강으로 토지 신탁 1순위 질권설정 권한을 부여합니다.

• PF의 종류

⑦ 그리고 ABL의 이자는 신탁사가 SPC에 일관리비 항목으로 지급하면 SPC가 이자를 매월 ABL 금융기관에 지급합니다.

시공사

따라서, 개발신탁 사업은 절대로 시공사에게 유리한 사업이 아닙니다.

① 많은 시공사들이 개발신탁은 100% 도급이라고 오해를 합니다.
② 증권사 PF와 현금흐름을 비교해 보겠습니다.
③ 총 공사비 100억원, 기성회수 10회, 9회 지급시 준공완료로 하면

[개발신탁 100% 확보]

기성회수	1	2	3	4	5	6	7	8	준공 9	10	(단위 : 억원) 합계
기성금	10	10	10	10	10	10	10	10	10	10	100
ABL상환	1.11	1.11	1.11	1.11	1.11	1.11	1.11	1.11			10
시공사수령금액	8.89	8.89	8.89	8.89	8.89	8.89	8.89	8.89	8.89	10	90
								소계	80.00	잔여금 10억원은 신탁완료후	

✔ 즉 시공사는 준공시까지 20% 공사비 확보로 공사를 완료해야 하지요.

✔ 90% 확보인 경우에는 거의 70%대의 공사비로 준공을 해야 합니다 (실제로 개탁의 공사비 확보는 90%임)

✔ 따라서 현금흐름상 항상 마이너스입니다.

[증권사 90% 공사비 확보]

								준공	(단위 : 억원)	
기성회수	1	2	3	4	5	6	7	8	9	10	합계
기성금	10	10	10	10	10	10	10	10	10	10	100
시공사수령금액	10	10	10	10	10	10	10	10	10	10	100
							소계	90.00	잔여금 10억원은 사업완료후

✔ 즉 시공사가 잔금 10%가 마진이라고 하면 책임준공시까지 현금흐름이 마이너스가 나지 않습니다.

따라서, 개발신탁 사업은 절대로 시공사에게 유리한 사업이 아닙니다.

민간 건설사에게 가장 유리한 것은 책준 PF사업으로 공사비 90% 확보 사업이지요.

이유는

① 현금흐름이 마이너스가 안되고 책임준공을 완료할 수 있고

② 책준 수수료는 시공사 부담이 아닌 시행사 부담이고 대주단에서 선지급 하기 때문입니다.

③ 책준은 회사채를 발행하지 않아도, 도급능력이 높지 않아도, 중소건설사가 참여할 수 있는 사업이기 때문입니다.

• PF의 종류

주요 신탁사

구분	내용
A	KB, 하나, 국제, 아시아
B	생보, 한투, 대신
C	한토신, 한자신, 코람코, 대토신
D	무궁화, 코리아

2017년 신규 수준 기준

구분	생보	한토신	KB	대토신	한자신	하나자산	코람코	아시아	국제	무궁화	코리아
토지신탁(차입형)	0%	77%	20%	84%	90%	23%	75%	5%	4%	15%	26%
토지신탁(관리형)	22%	2%	39%	4%	2%	55%	7%	20%	18%	24%	33%
담보신탁	37%	1%	14%	2%	1%	6%	2%	12%	24%	24%	11%
분양관리	15%	0%	3%	0%	0%	4%	0%	3%	3%	8%	8%
대리사무	12%	1%	5%	0%	3%	5%	2%	58%	51%	11%	21%
기타	11%	19%	19%	10%	3%	5%	13%	1%	0%	15%	0%
계	100%	100%	100%	100%	100%	100%	100%	100%	100%	100%	100%

[분양물 공사]

① 분양물 공사라 함은 1군 시공사가 건축비를 조달하지 않고 분양수입금 만으로 공사를 하는 것입니다.

② 이것은 1군 시공사가 충분히 분양성이 높다고 판단하여 진행하는 것으로 중도금, 잔금 조달도 모두 시공사가 책임지고 이를 공사비로 사용하는 것이지요.

③ 따라서 공사비는 높아지고, 분양대금의 80%를 시공사가 20%를 대주단이

가져가는 구조입니다.

④ 현재는 현대계열 건설사 정도만 하고 있지요.

[Refinancing 이란?]

① 한국 말로는 대환이라고 하지요. 위에서 언급한 Sell down도 여기에 속합니다.
② PF를 보면 처음과 나중에 대주단이 바뀌는 경우가 흔합니다.
③ 이유는 연속적인 Refinancing 구조이기 때문이지요.

브릿지론 → 본 PF → 중도금 → 잔금

④ 즉, 브릿지론은 본 PF로 대환하고, PF는 중도금으로 대환하고 중도금은 잔금으로 대환하게 되는 것이 PF의 금융구조입니다.

[분관과 관토]

① 최초의 토지 신탁은 담보신탁이지요.
② 토지를 담보로 대출을 하고 금융기관이 1순위가 됩니다.
③ 담보신탁에서는 분양이 되어도 수분양자가 1순위가 될 수 없습니다. 즉, 분양이 불가능한 것이지요.

• PF의 종류

④ 그래서 수분양자가 발생하면 대주단이 2순위로 가고 1순위를 수분양자에게 부여하여 수분양자를 보호하는 것이 관토입니다.

⑤ 분관은 사업비중 토지비만 조달하고 시공사는 분양대금으로 공사비를 조달하게 됩니다. 그리고 분양대금의 80%를 공사비로 시공사가 가져가고 20%는 토지대금 대출 상환금으로 상환됩니다.

⑥ 따라서 분관은 분양이 어려워지면 공사를 할 수 없습니다.

⑦ 따라서 책임준공이 안되므로 중도금 대출이 불가능한 것이지요.

⑧ 부동산 금융인들은 반드시 신탁 공부를 해야 합니다. 신탁이 부동산 금융의 시작이고 가장 중요한 기초입니다.

신탁사 책임준공 확약

만일에 준공이 되지 않으면 채무(금융기관 대출금)를 모두 인수한다는 것이 책임준공 확약입니다.

채무를 인수할 능력을 보기 위해 1군 시공사라는 것은
1) 도급능력이 100위 안이어야 하고,
2) 회사채를 발행해야 하며,
3) 회사채 발행 신용등급이 A등급이상인
시공사를 뜻합니다.

그런데 이런 시공사가 20-30개 정도 밖에 없고, 1군 시공사는 도급 단가가 높다 보니,

1) 회사채 미발행이고

2) 신용등급이 BBB이상이며

3) 도급순위가 최저 200위 안의 시공사를 대상으로

책임준공확약을 신탁사가 대신 (CAP) 해주는 것을 책준이라고 하지요.

현재 신탁사 중에서 책준 상품을 취급하는 기관은 금융지주 자회사인 K, H, K, A부동산 신탁과 올해부터 민간기업인 H, K, C, D 신탁사도 취급을 시작했지만 일반증권사에서는 금융지주 자회사 신탁사의 책준만을 인정합니다. 민간기업은 책임준공확약에 따른 채무를 인수할 능력이 낮다고 보는 것이지요.

[책준의 역사]

책준은 2014년 처음으로 도입되었습니다. 금융지주 자회사인 K신탁이 처음으로 도입했고, 2016년 준공이 되면서 금융상품으로 활성화되기 시작했습니다. 금융지주 자회사이기에 이런 새로운 금융상품을 개발할 능력과 인프라가 있었던 것이지요. 제가 보아도 K 신탁사가 신탁사중에서는 제일 스마트 하니까요.

이후 2016년 K신탁사가 13개, H 신탁사가 1개의 상품을 진행했습니다.

그런데 K 신탁사와 업계 2위 다툼을 벌이던 민간기업 H신탁사가 금감원에 이의를 제기했습니다.

책준은 신탁사 고유업무가 아니라는 것이었지요.

하지만 결과는 금감원에서는 책준은 신탁사의 고유업무라는 판단을 합니다.

[책준 실적]

이후 2017년에 폭발적인 성장을 합니다.

K신탁사가 20여개 사업장에 2조원 규모, H신탁사가 24개 사업장에 2조4천억 규모의 책준을 했지요.

2016년에는 H신탁사가 K신탁사의 계약서를 카피해서 쓸 정도로 열악했습니다. 하지만 H신탁사가 K신탁사 직원들을 우회적으로 스카웃하면서 실적면에서 K신탁사를 앞서게 되었지요.

[책준의 수수료]

책준은 매출액의 2%를 수수료 청구합니다.

다만 일시에 청구하는 경우와 분할(초기+준공후)에서 청구하는 경우 2가지가 있지요.

H신탁사는 일시에 청구하지만 K신탁사는 분할 청구를 합니다. K신탁사가 이렇게 분할 청구하는 이유는 대주단의 조달금액을 줄여서 시행사의 부담을 줄여주려는 뜻이 숨어 있습니다.

• 신탁사 책임준공 확약

[책준의 본질]

책준은 일종의 CDS (Credit Default Swap)의 파생상품입니다. 시공사의 신용이 파산하는 경우 이를 대신한다는 보험 상품인 것이지요.

1994년 미국 플로리다에서 JP MORGAN의 젊은 파생상품 직원들이 모여 은행에서 대출을 하고 그 리스크 때문에 대손충당금을 쌓아야 하며, 대손충당금이 일정액 이상이면 대출을 할 수 없었던 문제를 해결하고자 했습니다.

즉, 대출은 하되, 대손충당금을 쌓지 않는 방법을 연구한 것이지요.

당시 엑손 모빌이 지중해에서 유조선이 난파하여 프랑스 해안가가 모두 오염되어 약 4조원의 손해배상 소송을 당했습니다.

소송을 하려면 4조원의 공탁금을 걸고 해야 했기에 JP MORGAN에서 4조원 신용장을 발부 받았습니다.

예를 들어 수수료가 약 6%라고 가정합니다.

JP MORGAN은 대출 후, 약 10%인 4천억원의 대손충당금을 적립해야 했습니다.

그런데 JP MORGANE은 유럽부흥은행 EBRD를 찾아가서 만일 소송에서 엑손이 지면 이 대출을 인수해달라고 요청하고 EBRD는 수수료의 절반을 받는 조건으로 수락합니다.

이유는

① 엑손모빌이 파산할 회사가 아니고

② 아직 대출이 발생한 것이 아니기에 대손충당금을 쌓을 필요가 없었습니다.

③ 반대로 JP MORGAN측은 일종의 보험을 들었기에 대출에 대한 위험성이 사라져서 대손충당금을 쌓을 필요가 없었고 단순히 수수료만 받으면 되었습니다.

이 순간 바로 CDS라는 엄청남 금융상품이 탄생하게 되었습니다.

이것이 남발된 것이 2008년 금융위기로 리만브라더스, AIG는 CDS보증을 남발했다가 실제로 돈을 물어주어야 하는 사태가 발생하자 결국 파산하게 된 것이지요.

책준은 책준을 실행하는 신탁사는 대주단의 입장에서는 시공사와 동일하게 취급합니다.

만일의 경우, 시공사가 파산하는 경우, 끝까지 공사를 완공시키고, 지체보상금을 지급하며, 최종적으로는 채무를 인수해야 하는 완전한 시공사의 역할을 해야하지요.

그리고 중요한 것은 책준은 사용승인이 나면 면책이 됩니다. 보존등기가 아니지요.

K신탁은 내부에 리스크 관리팀을 두어서 본인들이 보증하는 시공사의
1) 도급능력 및 기술능력,
2) 신용등급,

• 신탁사 책임준공 확약

3) 현금능력을 판단하고(부채비율 200% 미만)

4) 공사비 확보 금액 (80-90%)

5) 대주단의 사업비 확보 비율 등을 면밀하게 체크합니다.

여기에 분양성도 체크하는데, 이유는 K 신탁사의 경우, 신탁수수료의 일부를 유보(준공 후 수령)하기 때문에 분양성이 나쁜 사업장인 경우, 신탁수수료를 상환받기 어렵기 때문입니다.

일반적으로 K신탁사의 경우 신용등급이 좋으나 도급능력이 나쁜 회사에게는 도급능력 이상의 공사를 보증하지 않습니다. 그리고 여기서 도급능력이라는 지난 3년간의 매출액의 평균 이하(50%)입니다. 예를 들어 한 시공사가 지난 3년간 공사비 매출액이 1천억이었다면 이 회사에 보증할 수 있는 시공비 최대치는 500억원 정도가 되는 것이지요.

[책준의 위험성]

K신탁사의 경우 대표이사가 개탁사업장의 시행사는 만나지 않아도, 책준 시공사는 방문을 합니다. 이유는 본인들이 보증하는 회사에 대한 확인이 정말 중요하다는 인식 때문이지요.

이런 시스템을 보면 후발주자인 H신탁사가 책준의 본질에 대한 인식이 많이 뒤쳐져 있다는 생각이 듭니다. 수수료만 받으면 되는 것으로 생각하는 경우를 많이 보았습니다. 그리고 H신탁사가 수수료를 1.5%로 하다가 지금은 수요가 많다 보니 2%로 K신탁사와 동일하게 상향했다고 하더군요.

책준은 단순히 수수료를 받는 것이 아니라 책임을 지는 것이라, K신탁사와 같이 리스크 관리팀의 면밀한 분석이 필요하지요.

올해초부터 K신탁사는 책준 심의가 한층 엄격해 졌습니다.

금융지주사 답더군요.

너무 많은 실적은 그 만큼 리스크가 높아지기에 조절을 하는 것이지요.

실적보다 리스크 관리가 우선이라는 금융산업의 본질을 정확히 알고 있는 것입니다.

[책준의 미래]

이전에는 M증권사만이 책준을 신용했는데, 이제는 대부분의 증권사가 신용을 합니다. 따라서 이것은 반대 급부적으로 1군 시공사들의 도급 금액을 낮추는 결과를 가져왔고, 이전에는 100% 확보여야지만 공사를 했던 1군 시공사가 부동산 경기의 위축 등을 이유로 90% 확보에 경쟁력 있는 시공단가로 낮추는 결과를 유발했습니다.

책준의 미래는 책임준공이 부도나는 경우 (아직 없었음), 신탁사가 어떻게 대처하느냐가 시장에서 판단의 기준이 될 겁니다. 책준의 본연의 뜻처럼 끝까지 책임준공을 완수시키면 시장은 책준을 더욱 확대하게 될 것이고 반대로 책임준공의 의무를 다하지 못하면 도태될 것입니다.

제가 걱정하는 것은 H신탁사가 무리하게 공사비가 60-70% 확보된 사업장에

• 신탁사 책임준공 확약

도 책준을 하고, 수수료만 받으면 된다는 인식을 하기에 사고가 날 것 같아 걱정이 됩니다.

서브프라임 모기지 사태에서 AIG가 수수료만 보고 CDS를 남발했다가 파산위기에 몰린 것과 비슷한 상황이 올 수 있기 때문입니다.

[책준의 실례]

앞으로는 모르겠으나, 책준은 공사비가 100억원대인 경우, 잘 도입이 안됩니다. 그리고 책준은 최소 수수료가 10억원이어서 500억원 매출 이하의 사업장에도 무조건 10억원을 청구하게 됩니다.

공사비가 100억원대인 경우, 책준이 어려운 이유는 신용등급과 도급능력이 되는 2군 시공사의 경우, 최소 공사비가 200-300억원은 넘어야 시공에 참여하기 때문이지요.

책준은 유용한 부동산 개발의 금융상품입니다.

하지만 반대로 리스크도 큰 상품이지요. 따라서 리스크에 대비한 시스템 구축이 각 신탁사에 필요합니다.

다양한 부동산 금융

제가 항상 강조하지만 모든 금융은

1. 기초자산
2. 현금흐름
3. 신용보강

이 없이는 대출이 일어나지 않는 다는 점을 명심하시고 읽어주세요

[브릿지론]

본 PF가 실행되기전 토지를 매입하기 위해 잠시 동안 대출을 일으켜 토지를 매입하는 금융을 말합니다.

1. 기초자산 : 토지
2. 현금흐름 : 본 PF

3. 신용보강 : 시공사 이자지급보증

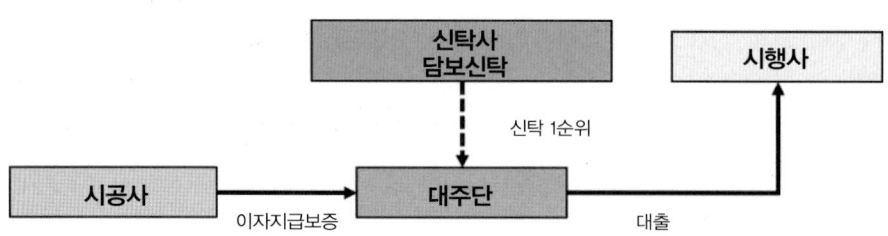

브릿지론은 말그대로 본 PF의 다리 역할을 하는 것이기에 본 PF가 전제되지 않으면 일어나지 않습니다.

따라서 본 PF의 금융기관이 후순위 대주로 참여하는 것이 최상이나, 최소한 시공사의 이자지급보증은 징구합니다. 시행사는 말 그대로 수입이 없다 보니, 혹시 기간내에 본 PF가 대출되지 않으면 이자지급 불능 사태가 되고 기한이익 상실이 되지요.

그래서 반드시 시공사의 이자지급보증을 신용보강으로 요청합니다.

[공사비 ABL]

일반적으로 저축은행에서 자기자본을 20% 충족하지 못하는 경우, 공사비를 상향하고 금융기관에서 대출을 받아 20% 자기자본을 충족합니다.

1. 기초자산 : 공사비

2. 현금흐름 : 기성금에서 상환

3. 신용보강 : 시공사 연대보증

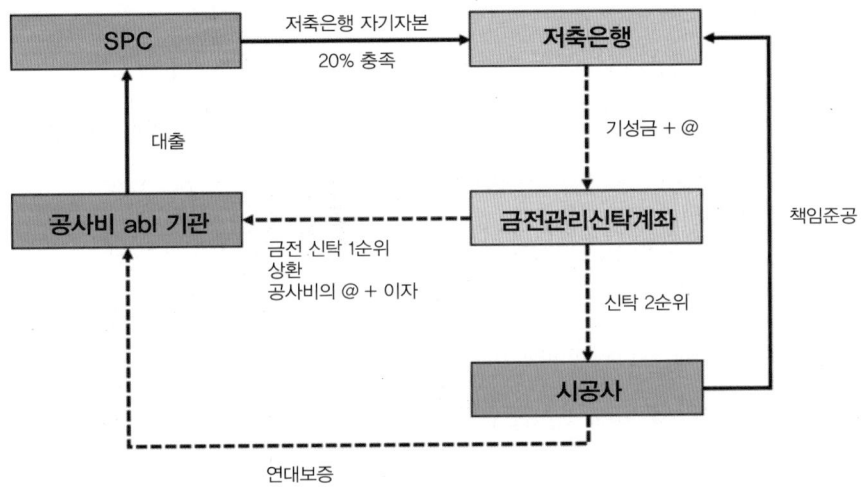

시공사가 공사비 ABL금융기관 대신 대여금으로 시공사에게 지급하고 공사비에 UP해서 받는 경우가 있지만 이는 회계상 미스매치가 일어납니다. 즉 시공사는 공사비에 UP해서 이미 돈을 상환 받았는데 대여금은 그대로 남게 되어 손실로 떨어야 하지요. 이것이 축적되면 세무조사를 받게 됩니다.

그래서 일반적으로 P2P회사를 통해서 준공자금 대출이라는 명목 하에 대출을 실행하고 시공사 연대보증을 세우고, 시공사가 받는 공사비에 UP한 부분을 분할 상환하여 받는 것이지요.

하지만 이구조는 무척이나 위험한데 이유는 시공사가 부도가 나는 경우, 기초자산이 없어지기 때문입니다.

[개발신탁 ABL]

개탁사업은 신탁사 토지 1순위가 되어야 시행되는 사업입니다.

따라서 시행사가 토지의 하자(선 금융기관대출)가 있는 경우 반드시 이를 상환하고 신탁사 토지 1순위를 부여하여만 개탁이 진행됩니다.

토지의 하자를 상환하기 위해 공사비 ABL의 구조를 만듭니다.

1. 기초자산 : 공사 채권
2. 현금흐름 : 기성금 + 일반관리비
3. 신용보강 : 신탁사 토지 1순위 근질권 부여

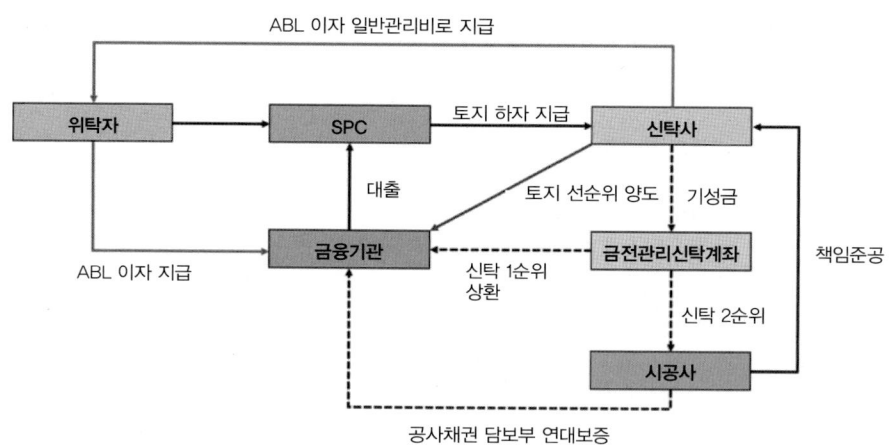

금전관리신탁이라는 것은 특별한 구좌로 1순위가 돈을 가져가지 않으면 2순위가 가져갈 수 없는 금융기관 구좌입니다. 기성금이 들어왔는데 시공사가 다 가져가는 것을 방지하는 것이지요.

개발신탁 ABL은 안전한 금융구조입니다. 위의 저축은행 공사비 ABL은 시공사가 부도가 날 경우 기초자산이 없어지지만 이 경우는 신탁사가 토지에 대하여 본인들이 가진 1순위 우선수익권에 ABL금융기관에 1순위 근질권을 부여합니다.

즉, 시공사가 부도가 날 경우, 신탁사가 대위변제를 하는 것이지요.

그래서 사실상 기초자산은 공사비 채권이 아닌 토지비 대출한도가 됩니다.

많은 분들이 공사비의 10% 정도만 ABL이 되는 것으로 아는데 사실은 15-20%까지 되는 경우가 있습니다.

이는 공사비 10% 보다 토지비의 대출한도가 훨씬 높은 경우입니다.

즉, 300억원의 공사의 10%는 30억원이지만 토지의 대출한도가 60억원인 경우, 공사비의 20%까지 ABL 대출이 가능합니다.

물론 시공사에게는 무척이나 불리하지만요.

[미분양 담보대출]

보통 미분양된 상가는 담보가의 40% 까지 대출이 되고 오피스텔은 50%, 주거는 60%까지 대출이 됩니다.

하지만 저희는 미분양 담보대출을 담보가의 70%까지 건축물 구분없이 합니다.

• 다양한 부동산 금융

그리고 명칭도 분양 수입 ABL(유동화)라고 부르지요.

1. 기초자산 : 미분양 담보
2. 현금흐름 : 분양수입
3. 신용보강 : 시행사(시공사)

저희는 반드시 저희 회사가 분양대행사를 지정해서 적극적인 분양 마케팅을 합니다.

그리고 상환을 분양수입중 80-90%를 하도록 하지요.

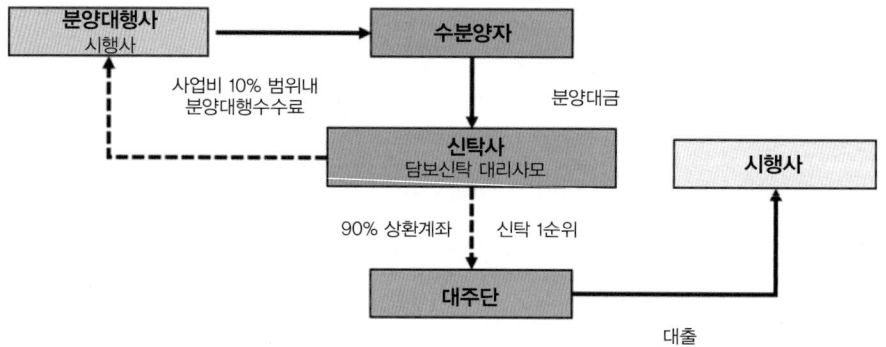

위와 같은 구조를 가지고 갑니다.

이렇게 미분양 담보대출을 하는 이유는 보통의 경우 시행사가 현금을 확보하기 위함이거나, 또는 시공사가 미지급 공사비를 유동화하기 위함입니다. 후자의 경우 시공사를 연대보증으로 신용보강을 하게 됩니다.

[시행이익 유동화]

분양률이 80% 이상이고 중도금 납부율이 70% 이상인 경우, 그리고 공정률이 80% 이상인 경우 시행사의 시행이익을 사전에 현금화(유동화)하는 것을 말합니다.

1. 기초자산 : 시행사 이익 (위탁자 1순위 근질권)
2. 현금흐름 : 잔금
3. 신용보강 : 시행사 (시공사)

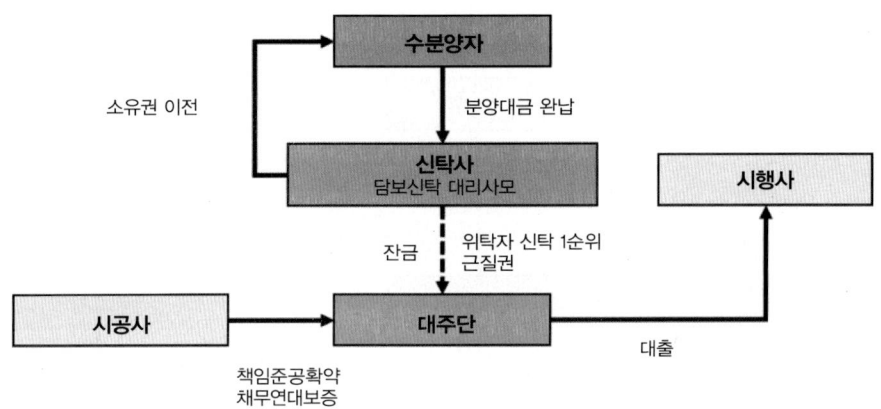

잔금에서 대주단 상환이후 나머지 시행사의 수익을 가져갑니다.

특히 자금의 용도가 시공사 공사비 지급인 경우, 반드시 시공사 연대보증을 세웁니다.

• 다양한 부동산 금융

[중도금]

중도금은 말 그대로 중도금을 조달하여 선순위 대주단의 상환 자금과 공사비를 충당하기 위함입니다.

그리고 중도금은 해당 물건의 신탁 1순위가 됩니다.

1. 기초자산 : 물건 담보
2. 현금흐름 : 잔금
3. 신용보강 : 시공사 연대보증

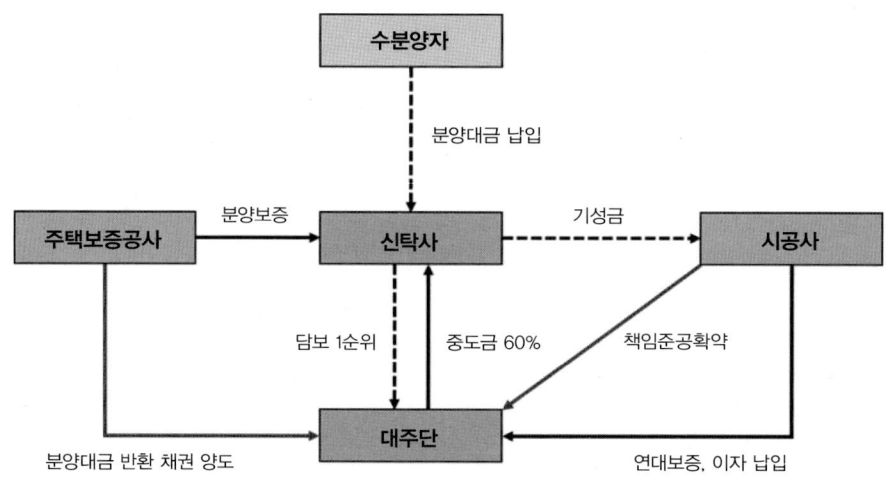

위 그림은 지주택이나 아파트의 경우이고, 일반적으로 오피스텔이나 상가의 경우는 연대보증은 하지만 이자 납입은 무이자 지원인 경우, 시행사가 부담하고

신탁사가 지급합니다.

그 재원은 관토의 사업비에서 충당합니다.

중도금은 분양률 트리거가 있습니다.

시공사가 신용등급이 BBB이상인 경우 60%부터

시공사가 신용등급 BB0이상인 경우는 80%부터 입니다.

연대보증의 시공사의 신용등급이 낮을 수록 분양률이 낮으면 책임준공이 어렵다고 판단하기 때문이지요.

그리고 중도금 금융기관은 저축은행, 제2금융권이 있습니다.

4월 1일부터는 그동안 막혔던 새금고가 중도금을 하지만 한 조합이 총사업비의 10% 이상을 중도금으로 대출할 수 없습니다.

예를 들어 총사업비가 1000억원이고, 중도금 비율이 50%이면 중도금 대출금액은 500억원인데, 새금고 한 개 조합은 100억이 최고이니, 최소한 5군데 이상의 조합을 신디로 구성해야 하지요.

중도금 금리는 대출 비율과 분양율에 따라서 최저 4.5%에서 6.5%까지 다양합니다.

위에 제가 하고 있는 부동산 금융의 몇가지 금융구조를 설명 드렸습니다.

보다 전문적인 금융구조는 각 구조마다 CDS, 중순위, 후순위, NPL등 훨씬 다양한 금융구조가 만들어 집니다.

• 다양한 부동산 금융

펀드와 리츠, 그리고 P2P

P2P

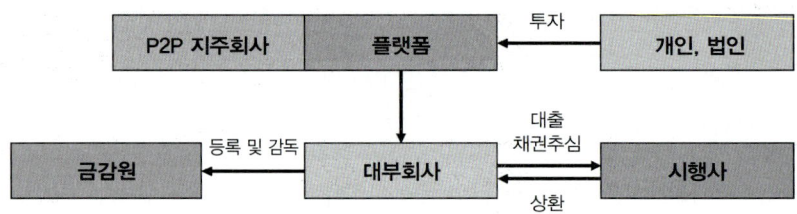

① 리츠가 소액으로 부동산에 투자를 할 수 있는 것이라면 P2P 또한 소액으로 부동산 및 개인, 법인에게 대출을 시행하는 것입니다.
② 리츠가 부동산에 국한되고, 그래서 국토부 감독을 받습니다.
③ 그런데 문제는 최고 결정권자가 국장이어서 장차관이 내용을 모른다는

것입니다.

④ 그래서 2004년 도입된 이후 한번도 발전이 없었다는 단점이 있고, 초기 상장 리츠들이 먹튀를 하여서 증권거래소에서 상장을 꺼린다는 문제가 있습니다. 최근에 리츠의 상장을 적극적으로 도입한다는 발표가 있었으나 지켜보아야 하지요.

⑤ 이에 반해 P2P는 개인신용대출, 부동산, 미상장주식담보대출등 다양한 분야에 대출이 가능합니다.

⑥ 다만 개인은 한 P2P업체 한도 1천만원만 투자가 가능하지요. 법인은 제한이 없습니다.

⑦ 요즈음 부동산 P2P문제가 많아서 한때는 100억원까지 자금 모집이 가능했으나, 최근에는 20-30억원으로 축소 되었습니다.

⑧ 보통 P2P는 금리 18%(투자자), 취급수수료 4%(P2P업체 플랫폼 수수료)를 선취하지요.

⑨ 다만 정식 금융기관이 아니다 보니, 부가세를 별도로 수취합니다. (취급수수료 부분)

⑩ 금융기관은 부가세 면세입니다. 그런데 P2P는 정보통신업체로 분류가 되지요. 즉, 핀테크를 이용한 4차산업으로 분류됩니다.

⑪ 분명한 대출 금융기관인데, 스타트업 업체로 인식이 됩니다. 그래서 P2P의 대부분의 업체 대표가 IT 종사자가 많습니다. 그리고 이들의 목표는 상장을 하는 것을 목표로 하고, VC등으로부터 주식 투자를 유치하여 운용하

지요.

⑫ 사실은 무늬만 하이테크 기업이고, 대부업체인 것이지요.

⑬ 또 한가지 문제는 금융기관들에서 왕따 비슷한 것을 당하고 있습니다.

⑭ 대부업체이다 보니 금융기관은 사채업자와 동일하게 취급해서 금융기관의 대접을 해주지 않습니다.

⑮ 이런 상황이 저축은행, 신탁사등 고급인력의 유입을 가로 막고 있지요.

P2P는 분명 장점이 많은 사업입니다. 어느 곳에서는 도덕적 해이가 발생할 수 있지요. 저도 최근에 한 P2P업체가 대부업체가 신탁 우선수익권자가 되어야 하는데 최초에 한 P2P업체 대표가 개인적으로 우선수익권자가 된 것을 보았습니다.

이런 상황이 발생하고, 투자자들은 깜깜이기에 P2P의 투명성과 전문성이 요구되어 지는 것이지요.

펀드

① 펀드라는 것은 주식이나 채권 파생상품 등 유가증권에 투자하기 위해 조성되는 투자자금으로써, 일정금액 규모의 자금 운용단위를 말합니다. 불특정 다수로부터 투자를 받는 배당형 투자기금을 말하지요.

② 유형별로 공사채형과 주식형으로 분류할 수 있고. 공사채형 펀드는 펀드에 투자할 때 투자자금을 예치해 둘 수 있는 기간에 따라 초단기형·MMF형·단기형·중기형·장기형·2년 이상형·분리과세형 등으로 나누며. 주식형 펀드의 경우에는 약관상의 주식편입비율에 따라 안정형·안정성장형·

성장형·자산배분형·파생상품형 등으로 구분합니다.

③ 즉, 공모펀드와 사모펀드를 나눌 수 있으며 소수의 투자자들로부터 자금을 모아 주식이나, 채권 등에 운용하는 펀드입니다. 사모펀드는 크게 '일반 사모펀드'와 '사모투자전문회사'로 불리는 PEF로 나뉘고, 일반 사모펀드는 소수 투자자들로부터 단순 투자 목적으로 자금을 모아 운용하는 펀드로 위에 언급한 주식형 사모펀드가 대표적입니다.

④ PEF는 특정기업의 주식을 대량 인수해 경영에 참여하는 방식으로 기업 가치를 높여 되팔아 수익을 남기는 펀드입니다.

⑤ 투자신탁업법에서는 100인 이하의 투자자, 증권투자회사법(뮤추얼펀드)에서는 50인 이하의 투자자를 대상으로 모집하는 펀드를 말하고. 사모펀드는 소수의 장기투자자들로부터 사모방식으로 자금을 끌어 모아 투자를 하며 원래 가장 기존적인 사모펀드는 기업 및 금융기관을 인수하고 구조조정한 뒤 이를 매각하거나 재상장시켜 투자자금을 회수하는 전략을 취합니다. 미국의 KKR, 칼라일이 대표적입니다.

⑥ 불특정 다수의 일반 투자자를 대상으로 하는 공모펀드에 비해 소수의 고액 투자자들을 대상으로 한정 판매합니다.

⑦ 공모펀드는 펀드 규모의 10% 이상을 한 주식에 투자할 수 없고 주식 외 채권 등 유가증권에도 한 종목에 10% 이상 투자할 수 없지만 사모펀드는 이러한 제한이 없기 때문이지요. 그래서 부동산등 사업의 영역에 제한이 없습니다. 블랙스톤, 골드만삭스 사모펀드가 대표적입니다.

• 펀드와 리츠, 그리고 P2P

⑧ 우리나라에서는 펀드를 운용하는 자산운용사가 있고, 공모 또는 사모를 모집시 금감원에 등록을 하고 관리를 받게 됩니다. → 이부분이 외국과 많이 다르지요. 외국에서는 단순히 투자가가 기준이상인가만 체크하지만 한국에서는 모든 것을 관리 감독합니다.

⑨ 저는 부동산에 관한 사모펀드에 대해서만 기술하도록 하겠습니다.

⑩ 부동산에 투자하는 사모펀드는 NPL, 부동산, 이퀘티 등에 투자하는 경우가 있습니다.

⑪ 그리고 투자자는 공제회, 공모, 개인/법인 (PB)등이 있지요.

⑫ 제가 많이 사용하는 사모펀드는 다음과 같이 진행합니다.

A. Retail (신한 PWM, 상업은행/증권사 PB등)이 투자자를 모집합니다.

B. 자산운용사/증권사가 펀드 vehicle을 만듭니다.

C. 이때 수수료는 저희가 운용하는 사모펀드는 투자자가 11%, retail이 4%, 주관사가 3%를 수령합니다.

D. 저희는 주로 중순위로 참여하며 (선순위 LTV 초과분) 그래서 금리가 높은 것이지요.

E. 예를 들면 100억자리 토지에 시행사가 10억만 있고, 저축은행 LTV 70%를 적용하면 토지매입을 위해 20억원이 부족합니다. 이때 20억원을 투자합니다.

F. 다만, 금융주관사들인 H증권사가 후순위로 참여하거나, I,B,HH증권사는 저희와 동일한 순위에 저희가 투자하는 순위 금액의 25%를 투자해야 하는 조건이지요. 예를 들면 중순위사 200억원이면 저희 펀드가 50억원, 증

권사가 50억원 투자를 하는 것입니다.

G. 이렇게 하는 이유는 대부분의 브릿지론이 본 PF를 전제로 투자되는 것이지, 증권사가 본 PF를 할 수 없으면 본인들의 투자금을 잃게 되어 결국 LOC와 같은 역할을 하게 되기 때문입니다.

	뮤추얼펀드	해지펀드	PEF	벤처케피탈
투자자 모집방식	공모 (투자자=주주)	사모		
공시	공시	비공시		
정보공개	공개	비공개		
경영참여 정도	참여안함	참여가능	적극적	
투자기간	중장기	제한 없음 (통상 단기)	중장기 (통상 10~12년)	중장기 (통상 5~10년)
주요 투자대상	주식, 채권, MMF	주식, 채권, 파생상품, 1차상품	구조조정 기업	벤처기업
자기자금 출자	불가	가능		
차입	규제	제한 없음	제한 없음(한국은 규제)	
공매도	규제	규제 없음	규제 없음(한국은 규제)	
통제	감독기관	주주자율규제		
투자자 유동성	개방형 펀드 (매일 인출 가능) 폐쇄형 펀드 (시장상장)	개방형 펀드 (주기적 인출 가능)	폐쇄형 펀드	
성과측정	상대수익률	절대수익률	절대수익률 (실현된 투자에 연동된 수익)	절대수익률
운용보수	순자산가치가치 (Net Asset Value: NAV)에 기초		자본 계약(capital commitment)에 기초	
성과보수	-	실현 및 미실현 수익으로부터 연간 발생	-	실현 투자로부터 발생

증권사 PF의 몰락과 펀드&리츠 시대

현재 부동산 PF는 다음과 같이 이루어지고 있습니다.

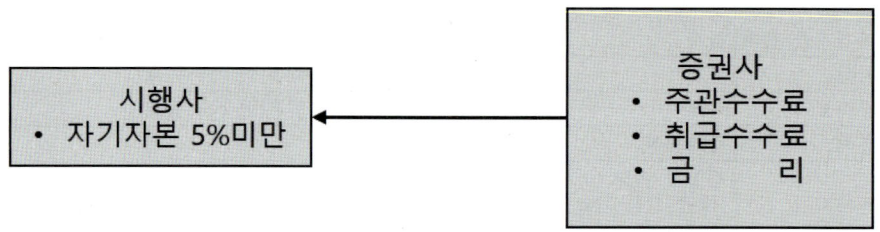

시행사들이 토지 계약금만을 지급하고 PF를 통해 토지 잔금과 시공비, 기타 사업비등 필수사업비를 조달하는 구조였습니다.

그래서 금융사가 "갑"이고, 시행사는 철저히 "을"이었습니다.

워낙 적은 자본으로 사업수익을 가져가다 보니, 금융주관사는 높은 주관수수료, 취급수수료, 금리를 통해 사업수익의 일정부분을 빼앗아 가는 것이지요.

이런 PF 시대가 2010년부터 10년간을 증권사 르네상스 시대를 만들어 주었습니다.

- 그런데 이제 공급과 수요의 불균형을 야기한 지나친 과잉 공급,
- 가계대출을 억제하여 분양성이 더욱 위험한 수준이 된 것이지요.

그래서 증권사들은 서울에만 PF가 가능한 수준에 도달하여 딜의 수가 급감하고,

반대로 서울의 토지비는 상승하게 되어 증권사들은 상당히 위험한 대출을 하게 되었지요.

지난 10년 저금리 기조, 부동산, 건설업을 통한 경제성장 견인을 위해 이명박, 박근혜 정부는 빚내서 집을 사라고 했고, 이를 통해 무분별하게 건설업이 진행 되었고, 건설업을 통해 경제성장을 견인하다 보니 GDP의 60%이상을 건설업 분야가 차지하게 되었지요.

• 증권사 PF의 몰락과 펀드&리츠 시대

이제는 더 이상 가계대출을 통한 분양성이 담보되지 않으므로 증권사 PF도 자기자본이 작은 시행사들을 대상으로 PF를 영위할 수 없을 겁니다.

오히려 자산운용사, 리츠사 등을 통해 개발형 펀드들이 지금의 개인 시행사를 대체할 겁니다.

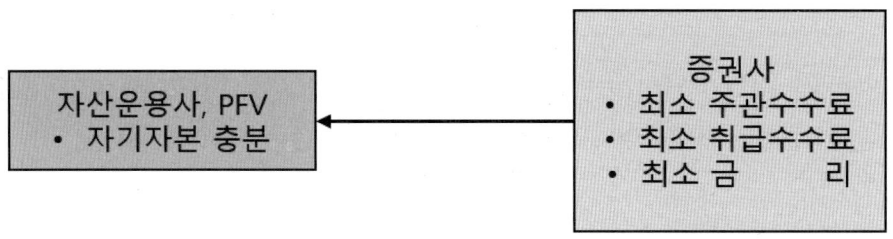

그러면 정말 증권사는 자금만 조달하는 FA 역할만 하게 되지요.

따라서 금융주관수수료도 최저로, 그리고 자산운용사 개발펀드 등이 시행사이다 보니 토지를 확보한 상태에서 PF를 신청하므로 많은 자금 조달도 어려워, 취급수수료, 금리도 최저가 될 겁니다.

이미 많은 자산운용사들이 PFV를 만들어 복합상업시설, 주상복합시설 등을 시작하고 있습니다.

그러면 증권사 PF의 르네상스도 끝나가게 될 겁니다.

지금까지 증권사 PF 이후에 자산유동화, 시행이익 유동화를 전문으로 하던 자산운용사들이 이제는 시행사로서 나서서 직접 사업을 하는 시대로 변화가 일어날 것이라 예상됩니다.

자금 조달도, 펀드나 리츠로 조달하는 경우가 많고, 대출은 최저 금리로 하겠지요.
단순히 증권사에게 심부름 시키는 정도 일 겁니다.

최근에 한 사례를 말씀드리지요.

금융사 5%	개발펀드1 40%	개발펀드2 40%	운영사 15%

위와 같이 PFV를 만들어 수도권에 복합상업시설을 신축하고 증권사를 통해서 최저 필수 사업비를 조달했습니다. 이후 준공이 되면 운영사가 직접 운영을 하고 임대수익률을 보장하는 방식이지요.
2-3년 운영 후 통 매각을 통해 개발펀드는 배당 및 원금을 상환 받는 구조입니다.

그 이외에 지식산업센터의 경우, 금융사(FI), 펀드사, 건설사(CI), 운영사가 참여하는 PFV를 만들어서 하는 사업도 진행중입니다.

이렇게 잠시 유행하다 증권사 PF에 밀려서 사라졌던 PFV 형태가 이제 다시 들어설 것 같습니다.

즉, 자산운용사, 리츠사가 개발펀드(EQUITY펀드)를 조성해서 토지를 확보하고 직접 시행을 하는 사례가 점점 많아 질 듯합니다.

이제 외국과 같이 주택은 MBS를 통한 건설, 상가, 주상복합 및 산업형 부동산은 개발펀드를 통한 PFV 형태가 2-3년 안에 대세를 이룰 것으로 기대 됩니다.

그동안 토지 계약금만 가지고 증권사 PF를 통해 자금을 조달하여 대박의 꿈을 안고 했던 시행업이지만 이제는 자기자본이 없으면 점점 어려워지고 소규모 사업이외에는 할 수가 없는 사업이 될 것 같습니다.

그에 따라 증권사의 부동산 부서도 향후 3년이내에 그 위상이 점점 더 위축 될 것이라고 저는 개인적으로 예상합니다.

또한 리츠 및 펀드의 주요 관심사인 과세부분도 정부에서 적극지원을 한다고 합니다.
리츠와 펀드는 배당률, 수익률 등이 주요 관심이었지요.
이런 배당과 수익률 등에는 또 한가지 중요한 점이 바로 과세였습니다.

그런데 시중 유동 자금을 공모 리츠 등으로 유도하기 위하여 과세 제도를 개편한다고 합니다.

원래 부동산 펀드, 리츠 등에 투자시 배당소득에 대하여 15.4%로 과세하던 것을 분리과세로 9%로 하향한다고 합니다. 이는 이자배당등 금융소득 과세 14%보다 낮습니다.

아울러 2020년부터 공모 리츠·부동산펀드에 대한 재산세의 경우 분리과세(세율 0.2%) 규정이 유지되지만, 사모 리츠·부동산펀드는 합산 과세로 바뀌기 때문에 공모 리츠·부동산펀드의 상대적 매력이 더 커지게 됩니다. 공모 리츠·부동산뿐 아니라 이들이 100% 투자하는 사모 리츠·부동산펀드 역시 분리과세 혜택을 받는다고 하네요.

〈최근 3년 부동산간접투자 현황〉

구분	2016			2017			2018			비고
	공모	사모	합계	공모	사모	합계	공모	사모	합계	
부동산펀드 (특별자산 포함)	4.8	89.9	94.7	5.5	113.2	118.7	5.0	142.4	147.4	16년 대비 사모 52.5조원↑, 공모 2.0조원↑
리 츠	0.2	10.5	10.7	0.5	12.3	12.8	1.0	13.4	14.4	사모 2.9조원↑, 공모 0.8조원↑
합 계	5.0	100.4	105.4	6.0	125.5	131.5	6.0	155.8	161.8	사모 55.4조원↑, 공모 2.8조원↑

(단위: 조원, 연도 말 순자산 기준, 출처: 금융투자협회, 리츠정보시스템)

최근 3년간 간접투자 현황은 위와 같지만 정부는 현재 3.7%인 공모 투자의 비중(부동산 간접투자 중)을 2021년 10%까지 끌어올릴 계획이라고 합니다.

국토부가 제시한 이 시점 공모 리츠·부동산 펀드 절대액 목표는 60조원으로, 현재(2018년 6조원)의 10배 수준입니다.

그리고 우량 역세권 사업은 대부분 펀드와 리츠사에게 몰아서 준다고 합니다.

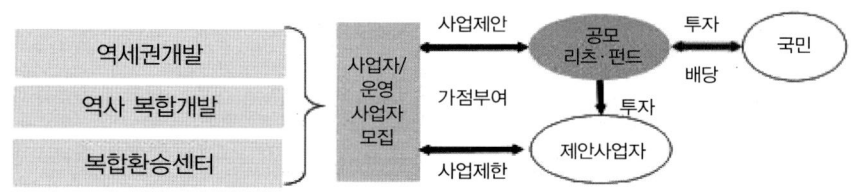

이런 부동산 간접투자 대중화에 걸맞은 안전장치도 개발된다고 합니다.

투자자들에게 객관적 정보를 제공하기 위해, 정부는 일정 규모 이상의 자산을 보유한 상장 리츠의 경우 반드시 전문 신용평가기관의 평가를 거친 뒤 결과를 공시하도록 의무로 규정하고 국토부·금융위 등 정부와 금융투자협회·한국리츠협회 등 민간이 참여하는 태스크포스(TF)를 통해 투자용 부동산의 수익률을 지역·자산·규모별로 한눈에 파악할 수 있는 지수(인덱스) 개발도 추진된다고 합니다.

공모 리츠·부동산 펀드에 투자하는 모(母)펀드로서, '앵커 리츠'(Anchor-REITs, Sponsored-REITs)도 조성되고. 앵커 리츠는 주택도시기금 여유자금과 연기금·금융기관·LH 등이 3년간 8천억원을 출자해 마련되는데, 일반인이 투자하는 공모 리츠·부동산펀드가 우량 자산을 확보해 안정적 수익률을 거두는데 '안전망', '버팀목'등, 외국의 스폰서드 리츠의 구조를 가지게 될 듯합니다.

이제 개발자금을 증권사 PF에 의존하지 않고, 공모 리츠나, 펀드를 통해 시행하는 본격적인 리츠, 펀드의 시대가 2-3년안에 활성화될 듯합니다.

그러면 무분별한 시행업이나, 증권사 PF는 점점 더 설자리를 잃어 갈 듯합니다.

• 증권사 PF의 몰락과 펀드&리츠 시대

리츠 전성시대

Real Estate Investment Trusts

직역하면 부동산 투자 신탁이란 의미입니다.

부동산 그리고 이와 관련된 대출에 투자한 뒤 그 수익을 배당하는 부동산 증권화 (유동화) 상품의 일종입니다.

투자의 대상이 부동산의 개발·임대·주택저당채권(MBS) 등 부동산에만 집중된다는 것이 다른 뮤추얼 펀드와 차이점입니다.

1. 부동산에 직접 투자하는 지분형(Equity) 리츠,
2. 부동산담보대출에 투자하는 부채형(Mortgage) 리츠
3. 양쪽을 흡합한 혼합형(Hybrid) 리츠

이렇게 3가지로 구분됩니다.

한국에서는 리츠는 세법이 정한 요건을 갖추기 위해 투자자에게 안정적으로 배분되야 하기 때문에 대개 임대수입이 있는 수익형 부동산 (상업용, 오피스평)을 투자대상으로 삼습니다.

이러한 리츠는 직접투자보다 몇 가지 더 나은 강점이 있습니다.
- 첫째, 조세감면 효과로 부동산취득에 따른 취등록세가 감면(50%)되어 직접투자 보다 수익성이 우수
- 둘째, 관리가 용이. 직접투자는 부동산의 관리에 시간과 비용을 투자해야 하나, 리츠는 자산관리회사 (AMC)에 운용을 맡기므로 관리가 편하지요.
- 셋째, 유동성 (환금성)이 우수. 부동산을 증권화하여 증권거래소에 상장하므로, 직접투자보다 유동성이 우수합니다. 언제든 사고 팔수 있지요
- 넷째, 소규모 투자가(적은돈)에게 기회를 제공. 대형빌딩과 같은 부동산투자기회는 투자기회가 일부 시장 진입자에게 국한되나, 리츠를 이용하면 소규모 자금으로 대형부동산 투자기회를 얻을 수 있습니다.
- 다섯째, 자금조달이 용이, 개발사업에 필요한 자금을 자본시장에서 일반 국민 또는 기관투자가로부터 직접 조달할 수 있습니다.
- 여섯째, 시장 투명성, 부동산증권화를 촉진하여 유동성을 증가시키고 시장의 투명화, 외자유입의 촉진효과도 있습니다.

우리나라는 부동산 투자 수익을 소액 투자자들에게 기회를 준다는 취지로

• 리츠 전성시대

2001년 4월 도입되었고 동년 7월 부동산투자회사법(국토해양부)이 제정되었고, 정부는 자본시장을 통합시킨다는 취지로 자본시장과 금융투자업에 관한 법률 (2007.8제정, 금융위원회)을 제정하여 '집합투자업'제도를 도입하여 부동산간접투자제도를 자본시장에 통합시켰습니다.

이리하여 리츠는 금융위원회와 국토해양부로 이원화되어 있는 셈이지요.

외국의 리츠는 대부분 뮤추얼 펀드 형태, 즉 증권형태로 판매되고, 소액투자자로 부터 자금을 유입하여 이를 부동산에 투자하는 형태입니다.

우리나라가 부동산에 자금조달하는 구조가 대부분 금융기관을 통한 직접조달인데 반해 외국은 50-70%가 바로 이런 리츠를 이용한 자금 조달기법을 사용하고 있습니다.

따라서 우리나라도 이제 투자자가 직접 부동산을 매입하는 시대에서 리츠 투자를 이용한 간접투자 방식, 그리고 시행사 개발자가 금융기관에서 직접 자금을 조달하는 방식에서 리츠를 통한 자금 조달방식으로 5년이내에 변할 것이라 저는 개인적으로 생각합니다.

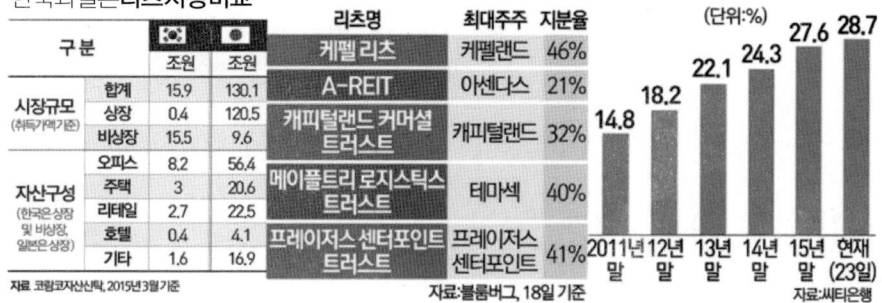

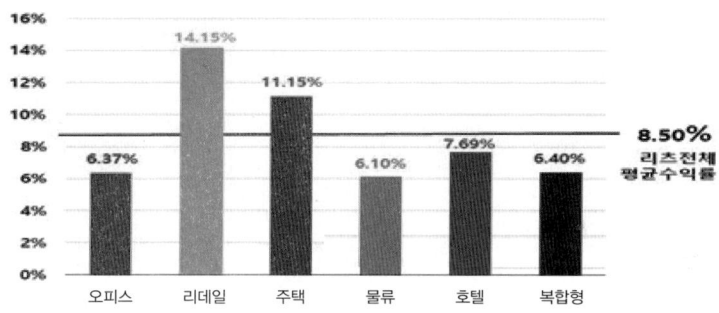

[2018년 전체 리츠의 자산별 평균수익률]

• 리츠 전성시대

일본과 세계 리츠

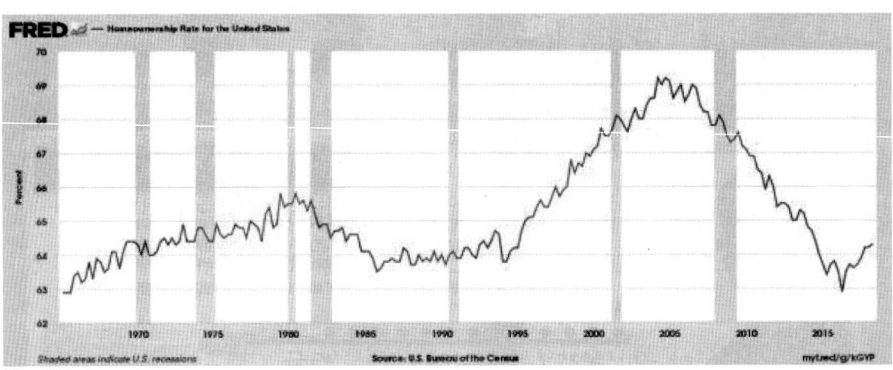

위의 그래프는 미국의 자가 소유 비율입니다.

계속 하락하고 있지요.

우리나라와 큰 차이점은 자가 소유 비율이 54%인 우리나라는 다주택자가 많

아 부동산을 부유 수단으로 사용하지만,

미국인은 집은 빌려 쓰는 것이라는 인식에 자가비율이 낮아지고 있는 것입니다.

주요국 가계자산 구성 비교

(단위: %)

	한국	미국	일본	영국	호주
비금융자산	75.1	29.3	39.9	50.4	60.4
금융자산	24.9	70.7	60.1	49.6	39.6

*기준시점: 한국('12년), 미국('13년), 일본('12년), 영국('12년), 호주('13.2Q)
자료: 각국 중앙은행

위의 표는 전세계 주요국가의 가계자산 구성비입니다.

미국이 가장 낮고 한국이 가장 높습니다. 3배이상의 차이가 나지요. 일본과도 거의 2배 가까이 차이가 납니다.

일본이 잃어버린 20년을 보내고 아베정권이 들어서면서 아베노믹스로 무한 화폐공급을 하는 정책을 펼쳤습니다.

그런데 그중 핵심적인 정책이 바로 리츠입니다.

그 일환으로 BOJ(일본은행, Bank of Japan)이 경기 부양카드 중 하나로 내놓은 대책이 바로 일본 주식시장에 상장된 일본 리츠를 사들이는 것이었습니다.

일본의 중앙은행인 BOJ가 조금 더 수익성이 높은 자산에 대한 투자활동을 장려하고자,

2010년에 먼저 일본 리츠(J-REITs)의 공격적인 매수에 나선 것이죠.

• 일본과 세계 리츠

2010년 이후 BOJ는 900억 엔(약 9,800억 원) 안팎의 매입 계획을 밝히고 매년 일본 리츠를 꾸준하게 사들이는 등, 일본 부동산 시장에 대한 간접적 부양 효과를 일으키고 있습니다.

일본 리츠가 실제로 글로벌 리츠 시장을 선도하고 있습니다.

글로벌 리츠 시장에서 일본 리츠의 수익률은 2018년 연초 이후 10~15%를 기록하며 단연 돋보이고 있습니다.

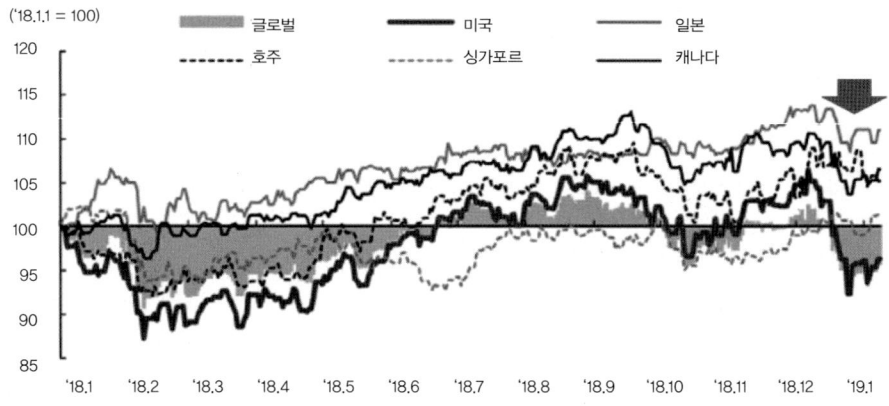

현재 일본 주식시장에 상장된 리츠 종목의 수는 63개에 달합니다.

이 중에서 시가총액(Market Cap) 1위 기업은 Nippon Building Fund Inc.로, 무

려 1조 엔(약 10조 원)을 상회하는 시가총액 규모를 이루고 있습니다.

Rank	Code	REIT	% Change in Unit Price	Dividend Yield	P/NAV	Market Cap (million JPY)	Asset Size (billion JPY)
1	8951	Nippon Building Fund Inc.	+21.49%	2.80%	1.39	1,061,824	1,129
2	8952	Japan Real Estate Investment Corporation	+12.46%	3.09%	1.22	887,920	1,025
3	3462	Nomura Real Estate Master Fund, Inc.	+9.07%	3.79%	1.09	771,222	1,009
4	8953	Japan Retail Fund Investment Corporation	+7.78%	4.05%	1.00	573,346	911
5	8984	Daiwa House REIT Investment Corporation	-5.08%	4.17%	0.97	523,938	751
6	8954	ORIX JREIT Inc.	+12.94%	3.61%	1.13	544,548	664
7	8960	United Urban Investment Corporation	+6.05%	3.78%	1.22	562,136	622
8	3281	GLP J-REIT	+4.39%	4.21%	1.11	483,011	608
9	3283	Nippon Prologis REIT, Inc.	+4.38%	3.63%	1.15	531,842	579
10	3279	Activia Properties Inc.	-0.51%	4.04%	1.14	377,914	500

(일본 리츠 시장 내 상장된 리츠 종목 중 시가총액 TOP 10 현황 ⓒjapan-reit)

앞서 살펴보았듯이 이러한 일본 리츠의 활성화는 일본 내수 경제 진작에 기여하게 됩니다.

2020년 도쿄올림픽을 앞두고 리츠의 중요한 기초 자산이기도 한 호텔 및 리조트 등 숙박업에 대한 시설 투자가 늘어나고 있습니다.

한편, 도쿄를 중심으로 한 기업 사무실 임대 수요도 자연스럽게 증가하고 있죠. 실제로 2010년 이래로 일본 리츠지수가 크게 상승해왔고, 동경 도심 오피스빌딩의 공실률도 꾸준하게 하락하고 있습니다.

공교롭게도 같은 기간에 실업률 역시 대폭 하락하고 있음을 알 수 있습니다.

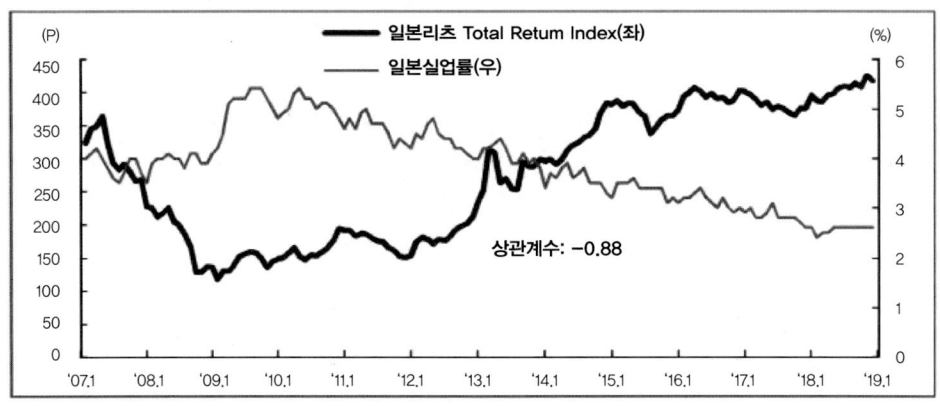

(일본 실업률 감소 및 일본 리츠 지수의 상관관계 ⓒNH투자증권 보고서 [2020년까지 일본 리츠(J-REITs) 호황이 이어질 것])

이러한 부동산 시장 활성화는 궁극적으로 일본 주식시장에 상장한 리츠의 수는 물론 시가총액 상승에도 크게 기여할 수밖에 없습니다.

한국은 세계 상장 리츠 규모와 비교하면, 미국 1천230・싱가포르 60・홍콩 36분의 1입니다.

⟨ 주요국가의 상장리츠 현황 ("18년 말 현재) ⟩

(출처: EPRA[Europan Real Estate Association])

미국 (1960)	캐나다 (1993)	영국 (2007)	프랑스 (2003)	호주 (1971)	일본 (2000)	싱가포르 (2002)	홍콩 (2003)	한국 (2001)
1,230조원	61조원	87조원	68조원	101조원	128조원	60조원	36조원	1조원

국내에서도 본격적인 리츠의 시대가 도래할 듯합니다.

100만원으로 건물주가 될 수 있다는 구호가 사실로 다가올 듯하군요.

신규 신탁사의 등장으로 리츠의 시대는 더욱 급하게 다가올 듯합니다.

• 일본과 세계 리츠

chapter 5

부동산 금융의 미래

LTV vs STV

지금까지 부동산 PF는 LTV (LOAN TO VALUE)에 의해서 결정이 되었습니다. LTV = 대출액 / 매출액으로 결정됩니다.

그런데 여기서 매출액이라는 것이 결국 총 분양대금으로 분양성은 神만이 안다고 할 정도로 변동성이 매우 큽니다.

같은 장소에서 어떤 경우는 완판이 되었다가 불과 6개월 후에 분양율이 5%도 안되는 경우가 발생하니까요.

적정 분양가를 현재 산정하는 방식이 주변의 시세를 비교 대상으로 조사를 합니다.

그런데 부동산의 3가지 요소인

① 수요와 공급

② 규제

③ 금리

에 따라 매달 분양성이 다르게 됩니다.

특히, 토지 계약 후, 인허가를 득한 후 분양이 시작되는 시점은 최소 6개월 후이기에 누구도 6개월후의 미래를 예측하기 어렵습니다.

그래서 내년부터 금융기관이 PF 심의시 LTV가 아닌 STV를 심의 기준으로 삼아야 한다는 연구보고서도 나왔습니다.

여기서 STV 란 Subordinate To Value라는 뜻으로 STV = (후순위 대출 + 자기자본) / 건물의 가치로 산정이 됩니다.

건물의 가치는 감정기관이 해당 지역의 상권분석, 매출액, 기타 임대료 등을 검토하여 준공후 건물의 가치를 산정하게 되고 후순위와 자기자본을 합치는 것은 선순위, 중순위 대출의 안정성을 높이기 위하여 자기자본을 강화해야 한다는 의미입니다.

즉, 부동산 개발의 위험성을 시행사가 가지고 가야 하며, 금융기관은 지금처럼 무절제한 대출을 해서는 안된다는 것이지요.

이것이 현실화되면 지금처럼 토지계약금만 가지고 금융조달을 하여 시행업을 영위하는 것은 어려워질 겁니다.

분양성에 대한 리스크는 모두 시행사의 몫이 될 것이기 때문입니다.

앞에서도 언급했듯이 부동산은 아무리 필수재여도 인구감소와 경기지표에 영향을 받기에 하락을 할 겁니다.

또한 투자자들이 부동산을 좋은 투자자산으로 인식하지 않게 되면 분양성은 극도로 악화될 것입니다.

이미 대기업들이 보유하고 있던 부동산을 모두 매각하거나, 보유하고 있던 매장 (이마트, 롯데마트, 홈플러스 등)을 자산유동화를 통해 현금화하려는 추세가 강합니다.

이는 더 이상 부동산이 효율적인 투자자산이 아니라는 증거이지요.

투자의 목적

우선 자산의 운용과 투자라는 것의 정의를 말씀드리지요.

자산의 운용의 목표는 원금 또는 가치를 보존하는 것이 그 목표입니다.

많은 사람들은 투자하여 수익을 창출하는 것을 목표로 오해하지만 실제 투자가 (연기금 포함 일반 투자자가)들의 목표는 현재의 자산가치를 지키는 것이 제일의 목표입니다.

인플레이션에는 화폐의 가치가 떨어지므로 부동산, 원자재등에 투자를 하여 은행보다 높은 수익률을 기대하고, 골디락스에는 가장 수익률이 높은 주식에 투자를 하는 것입니다. 기타 스태그플레이션에는 원자재, 리세션에는 채권등에 투자를 하는 이유는 바로 물가상승률 (화폐가치하락율)에 대응하여 자신의 자산가치를 지키기 위함이지 절대로 더 많은 수익을 올리기 위하여 투자를 하는 것

• 투자의 목적

이 아닙니다.

투자가의 입장과 운용사 (자산운용사, 사모펀드, 헤지펀드등)의 입장은 다른 것이지요.

하지만 운용사도 결국 투자자의 요구에 맞추어 일을 진행하는 것이므로 자산운용과 투자라는 개념을 정확히 알고 있어야 합니다.

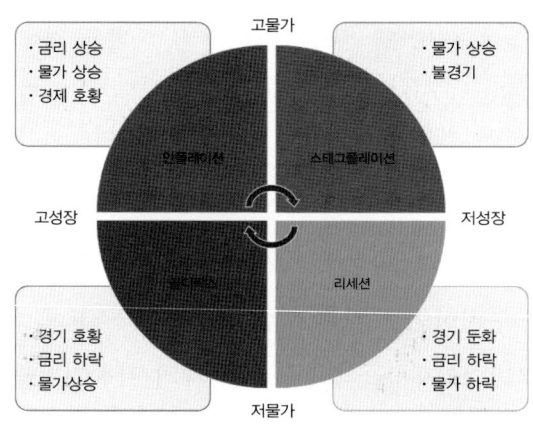

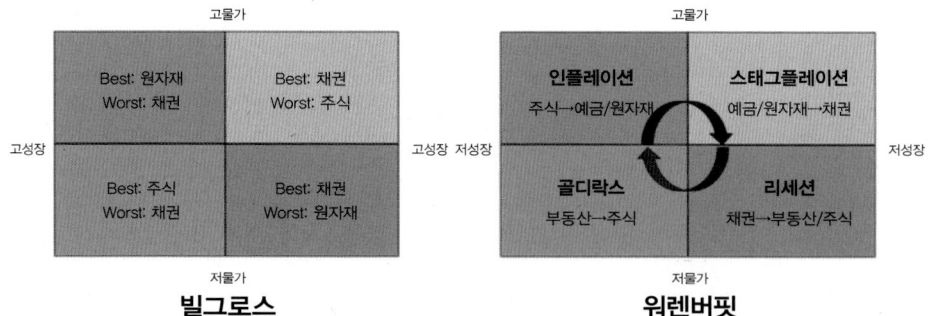

위 두 투자대가들의 이유는 다음과 같습니다.
- 인플레이션 시기에는 기준금리가 오르기에 예금 또는 원자재가 정답이고
- 스태그플레이션은 물가는 오르는데 경제가 불황이고 스태그플레이션 자체가 이상 경제상황이므로 안전자산인 채권이 정답이고
- 리세션은 경기가 불황이고 저 물가이므로 원자재를 피하고 부동산, 채권이 정답이며
- 골디락스는 수익률이 제일 높은 주식이 정답.

즉, 투자 수익률과 원금을 지키기 위한 최선의 선택에 따라 투자처가 달라지는 것이지요.

지난번 강의 시간에 자산운용사의 제자가 "요즈음 시장이 미친 것 같다. 펀드의 오버 부킹에 수익률이 5-6%여도 투자를 한다"

그 이유는 현재 기준금리는 하향 추세를 가질 것으로 예견되면 따라서 예금금리도 낮춰질 것이므로 투자자의 입장에서는 수익률이 낮아도 예금금리 대비 비교적 높은 수익률과 안전한 투자처를 찾는 것입니다.

지금은 경기가 변동성이 크고 R(recession)의 공포의 시대이니, 함부로 투자를 할 수 없고, 시중의 유동성이 풍부하지만 낮은 수익률이라도 안전한 투자처를 찾아가게 됩니다.

일반적으로 투자자산은 다음 3가지로도 분류합니다.

1. 일정 금액으로 표시되는 자산	채권, 은행 예금 등이 대표적인 안전자산이라고도 합니다 하지만 한편으로는 위험자산입니다. 인플레이션으로 화폐 가치가 하락하기 때문이죠.
2. 수익창출이 없는 자산	금이 대표적입니다. 지폐처럼 가치 하락을 걱정하는 사람들이 가장 좋아하죠. 즉, 자체적으로 수익을 창출하지는 못하고 자산의 가치만을 보존하는 자산입니다.
3. 자체적으로 수익이 창출되는 자산	기업주식이나 부동산 등으로 일반 시장에서 투자대상으로 삼는 유형입니다.

워렌버핏은 1,2번에는 투자를 하지 않습니다. 이유는 본인은 운용사이므로 투자수익을 내지 못하는 경우, 본인의 수익이 없으니까요. 따라서 모든 운용사(사모펀드, 헤지펀드, 자산운용사)는 3번에 집중을 하게 됩니다.

운용사는 투자자의 돈을 투자하여 수익을 창출하는 경우, 그 수익을 배분하는 비즈니스 모델을 가지고 있기 때문입니다.

외국의 헤지펀드는 부동산 주식 등에 투자하고 수익률의 일정부분을 성공보수로 투자금액의 일정비율을 운용보수로 취합니다.
하지만 한국의 헤지펀드는 조금 다릅니다. 대출을 하기도 합니다.

예를 들자면

메자닌(중순위) 대출을 하고 금리를 11%, 취급수수료를 7% 받습니다.

금리는 모두 투자자의 수익이고, 취급수수료는 운용사의 수익이 되는 형태입니다.

대출 후 이자수익만 가지고는 운용사의 충분한 수익을 거둘 수 없기에 이렇게 취급수수료로 수익을 받는 구조인 듯합니다.

그래서 안정적인 PF 후순위에 참여하고 10%+10%를 요구하는 경우도 많이 있습니다.

일반적으로 많은 자산운용사는 주택이나 상가, 수익형 부동산에 투자를 하지 않고 오피스에 투자를 합니다.

이유는 주택, 상가, 수익형부동산인 오피스텔 등은 공실에 따라 안정적인 수익이 보장되지 않고, 추후 매각 시 매각차익이 불안정하기 때문입니다.

하지만, 오피스는 마스터리스형태의 큰 회사가 장기 임차를 하는 경우, 안정적인 수입이 보장되고, 부동산의 일반적인 가격상승에 따라 5, 10년후 건물의 매각가치를 안정되게 확정할 수 있기 때문입니다.

강남의 아파트 값이 아무리 오른다고 해도, 분양가는 공급과 수요, 금리, 규제 등의 변수에 따라서 수익률이 계속 변화하며, 관리가 쉽지 않아서 자산운용사에서는 관심 밖인 것이지요.

최근에 이마트, 롯데, 홈플러스가 리츠를 이용하여 SALES & LEASE BACK 방식의 자산유동화를 시도하고 있습니다.

이런 대형 오프라인 쇼핑몰이 온라인 쇼핑몰에 밀려 적자를 기록하고 있기에 현금을 만들려고 이런 형태의 금융구조를 시도한다고 생각하는 것은 오해입니다.

지난 50년간 우리나라는 평균 10%, 7%, 4% 그리고 최근에는 2%대의 성장률을 보이고 있습니다.
따라서 이러한 저성장기는 물가상승률이 둔화되고 따라서 부동산의 자산가치도 지난 30년처럼 급격히 오르는 일이 없습니다.

이전에 대기업은 부동산을 매입하고 자체적으로 건물을 짓고 영업을 하는 것이 추후 부동산 가치에 대한 이익으로 충분한 사업가치가 있었지요.

하지만 더 이상 저성장 국면에서 매각가치가 오른다고 볼 수 없기에 이제는 현금유동성을 확보하는 전략이 필요한 것입니다.

즉, 포트폴리오상 고물가, 고성장시대에서 저물가 저성장 시대로의 변화가 필요한 것이지요.

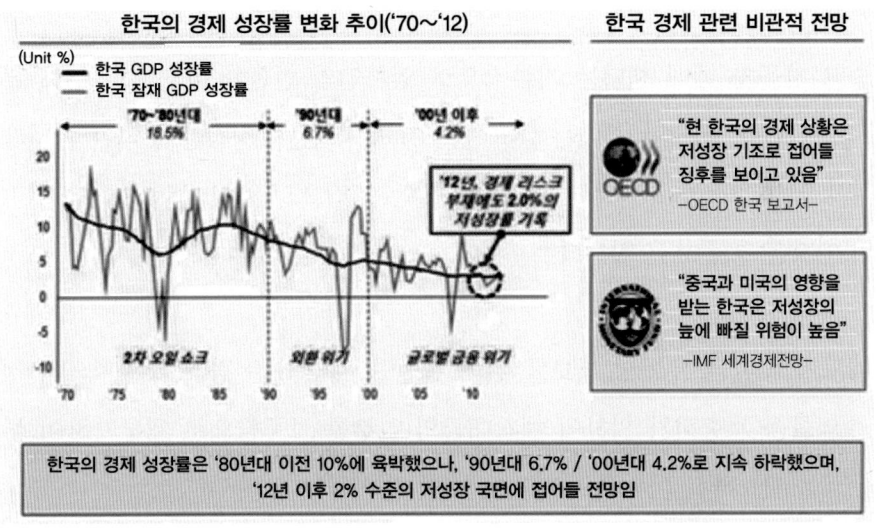

그래서 자산을 유동화 하여 현금을 확보하는 것이 목표이며,

자산을 유동화 하는 방식으로 SALES & LEASE BACK방식을 사용하여 투자자들에게 안정적인 배당을 해준다고 하는 것입니다.

상호간의 이해가 맞아 떨어지기에 가능한 금융구조인 셈이지요.

대기업은 현금을 확보하여 유동성을 확보하고, 투자자는 대기업의 배당 확약

• 투자의 목적

을 믿고 투자를 하는 것입니다.

이러한 SALES & LEASE BACK이 많이 활용되는 곳 중에 하나가 중고 자동차 매매 센터입니다.

중고 자동차 매매 센터는 기본적으로 임차인의 빈번한 바뀜으로 인해 분양이 불가합니다. 하지만 임대는 90%가 넘지요. 다만, 안정적인 수익이 아니라는 단점이 있지만 건물주가 운영과 관리를 맡는 조건으로 SALES & LEASE BACK방식의 매각을 종종하곤 합니다.

매도자가 현금 유동성 확보를 위해 자산을 매각하는 경우, 투자자의 안정적인 수익률을 보증하기 위하여 매각대금의 일부를 보증금으로 재투자하여 투자배당금을 확보하는 조건으로 매각을 하는 방식입니다.

최근에 이러한 SALES & LEASE BACK방식의 매각 매수는 점점 더 많아 질 것으로 예상합니다.

미분양 아파트, 오피스텔, 미분양 상가 등이 넘치는 현실에 저렴한 투자금으로 매입을 하고 임차인을 맞추어 안정된 배당을 보증하는 방식으로 다양한 부동산에 대한 매각매수방식이 등장할 것으로 예상합니다.

이는 지난 몇 해 동안 한국에 진출한 외국계 사모펀드의 비즈니스 모델에서도 잘 나타납니다.

인천의 한 주상복합의 상가가 약 360억원이었는데 이것을 180억원에 매입하고, 외국 부동산 대행사를 통해서 2년 렌트 프리 조건으로 임대기간 5년, 수익률 8%를 맞추고, 임대율을 94% 맞춘 후, 2년후 자산운용사에 매각하는 비즈니스 모델입니다.

사회적 기업의 대안

협동조합의 태동

영국에서 산업혁명이 일어나면서 자본계급과 노동계급의 양극화가 극심해졌지요. 옆의 사진은 로버트오웬이라는 사람입니다. 1800년경 맨체스터의 자본가인 로버트 오웬은 공장에서 일하는 아동들이 쉴 시간이 없는 것을 보고 자체적으로 그들의 인권을 보호하기 위해 사회주의 사상을 도입한 개혁정책을 자기공장에서 실현합니다.

목표관리경영, 유치원교육, 대안화폐, 노동운동 등등. 이 분을 협동조합운동, 사회개혁의 운동의 선구자라고 하지요.

다만 너무 이상주의 였다는 비평을 받습니다.

오웬의 영향을 받은 조리 홀리요크가 처음으

로 노동자의 자치적인 협동조합을 만듭니다.

　한국에 책으로도 소개된 "로치데일 공정선구자 협동조합"을 만든 사람이며, 선구자라는 명칭을 받고 있지요.
　당시 산업혁명의 자본계급들은 노동자들을 위하여 매점형태를 운영합니다.
　그리고 그 매점에서 노동자들에게 밀가루, 버터, 설탕, 곡물, 양초 등을 팔았지요.

　그런데 자본계급이 노동자 계급을 착취하기 위하여 밀가루에 모래를 섞거나, 질나쁜 버터 등을 판매하고 판매방식도 현재의 신용카드처럼 외상으로 팔고 급여일에 제외하는 방식이었습니다.
　그래서 모든 노동자들은 결국 무임금으로 노동하는 결과를 가져오게 되었습니다.

　이에 생존을 위해서 로치데일 공장에서 일하는 노동자들이 노동 협동조합을 만들어 생필품을 노동자들에게 공급을 하게 됩니다.
　그리고 절대로 외상으로 공급하지 않고 현금으로만 판매하였지요.
　그래서 오늘날에도 최초의 협동조합 선구자라고 칭송됩니다.

　빌헬름 라이파이젠은 독일의 신앙심 깊은 청년이었습니다.

• 사회적 기업의 대안

그는 가난은 상품에서 오는 것이 아니라 신용에서 오는 것이라고 말하고, 빈민구제를 위한 신용대부협회를 설립하고 더 나아가 농민을 위한 협동조합은행을 설립합니다.

이것이 바로 현재 독일 케노센샬스 방크와, 오스트리아의 망할내야 망할 수 없는 은행이라는 라이파이젠 은행과 네덜란드의 라보뱅크의 시초입니다.

한국은 조합의 역사는 다음과 같습니다.

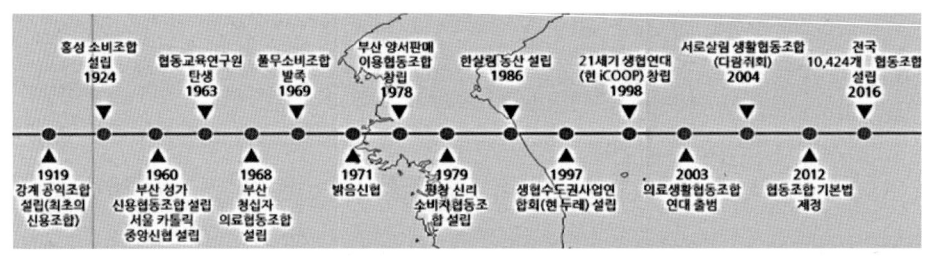

일제 시대에 일본의 폭정으로 농민들의 이익을 지키기 위해 협동조합이 시작되었습니다.

그러다가 2012년 이명박대통령시절 협동조합법이라는 것이 만들어 졌습니다.

2025년 부동산과 부동산 금융의 미래

그런데 아주 그 탄생의 배경이 재미 있습니다.

당시 배추파동이 발생해서 배추 한포기에 13,000원이 넘어갔지요.

그런데 한 지역에서는 배추의 가격을 3천원정도로 판매하며, 그 질도 아주 좋았다고 하지요.

알아보니 농민들이 협동조합을 만들어 일종의 선물거래를 하고 있었지요

1년전에 소비자들이 농민들에게 배추 값을 선도 매입하고 생산되면 미리 정한 가격에 사가는 조합을 결성한 것이지요.

그래서 본격적으로 조합을 활성화하기 위해 조합법을 재정하여 육성합니다.

[협동조합 성공 사례]

스위스의 미그로 협종조합은 전체인구 7백만명중 2백만명의 조합원입니다.

조합원의 생활을 평화롭게라는 이념으로 저렴하고 생필품을 공급하는 회사이지요.

또 한가지 이 협동조합의 목표는 근로자를 최대한 많이 고용하는 것입니다. 즉, 안정적인 직장을 조합원들에게 제공하는 것이 목표입니다.

그래서 현재 직원이 8만명을 넘어섰다고 합니다.

• 사회적 기업의 대안

120년의 역사를 가진 미국의 선키스트 협동조합입니다. 생산자들이 만든 조합이지요. 중간사와 유통사의 폭리로 생산자가 전체 상품의 판매가격의 10-20%만 가져가고 나머지는 유통회사와 중간사가 모두 가져가는 구조를 막기위해 생산자들이 직접 만들어 유통까지 하는 조합입니다.

이미 세계적인 조합이 되었지요.

학문적 배경
애덤스미스는 빵가게 주인이 빵을 만드는 이유를 자선을 위한 것이 아닌 돈을 벌고자 하는 이기심 때문이라고 이야기했고 자본주의 작동원리를 인간의 이기심에서 찾았습니다.

그리고 인간의 내부에는 도덕적 선한 본성이 있어 도를 넘는 탐욕을 제어한다고 생각했지요.

하지만 산업이 발전하면서 자본주의는 자본가와 노동가로 나뉘고, 상위 1%

가 하위 99%를 착취하는 상황이 발생했습니다.

하지만 조지슘페터와 같은 학자는 창조적 파괴를 언급하면서, 경제가 발전하는 원리는 엘리자베스 여왕에게만 실크 스타킹을 신게 하는 것이 아닌 공장의 여직공들도 실크 스타킹을 신게 하는 방향으로 발전한다고 했습니다.

그래서 경제학은 크게 배분보다 어떻게 하면 생산성을 높일 수 있는가에 집중하면서 발전했습니다.

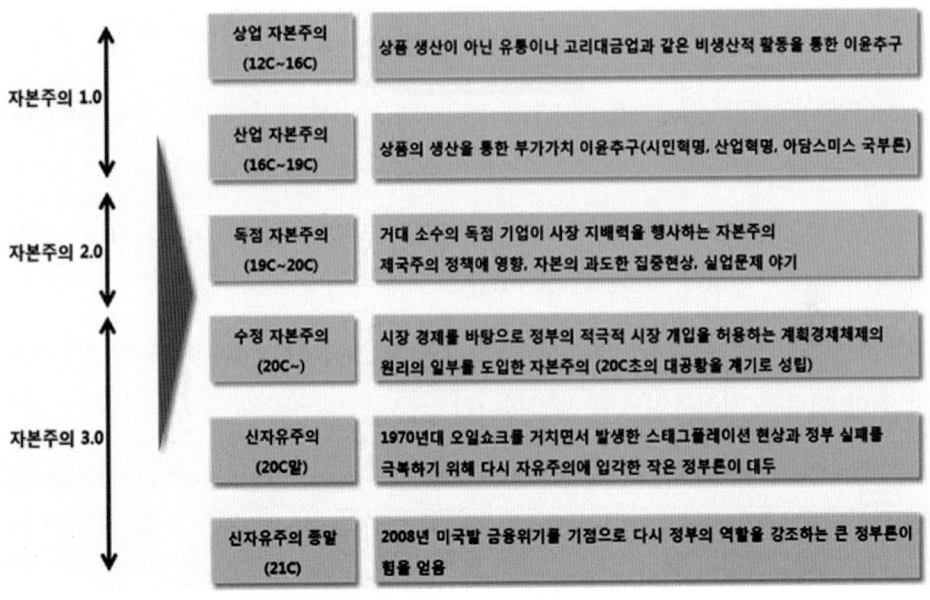

• 사회적 기업의 대안

그런데 21세기 들어서 금융대란이 생기고 글로벌 경기침체가 오면서 기존의 경제체계에 대한 심각한 회의와 대안을 마련하고자 하는 모색이 시작되었습니다.

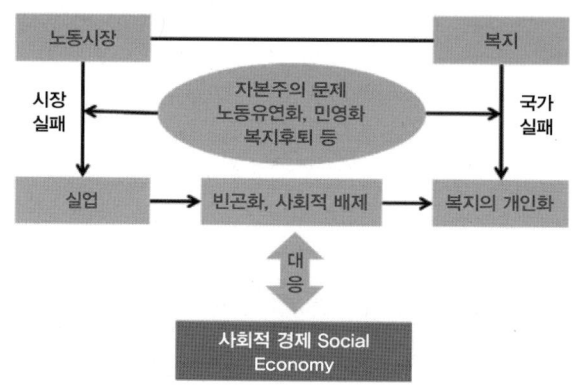

저는 개인적으로 자본주의 및 시장, 사회의 발전이 애덤스미스의 利가 없으면 宣이 없다는 원칙을 믿는 사람이지요.

따라서 이러한 움직임은 배분에 대한 문제를 해결하기 보다, 경제를 발전시키기 위한 새로운 패러다임으로 생각합니다.

프랑스의 프레드릭 랄루라는 학자가 만든 조직의 역사적 패러다임의 변화라는 책이 있습니다.

책의 제목은 "reinventing organizations"입니다.

red - amber - orange - green - teal 이런 식으로 발전하여 왔다고 주장합니다.

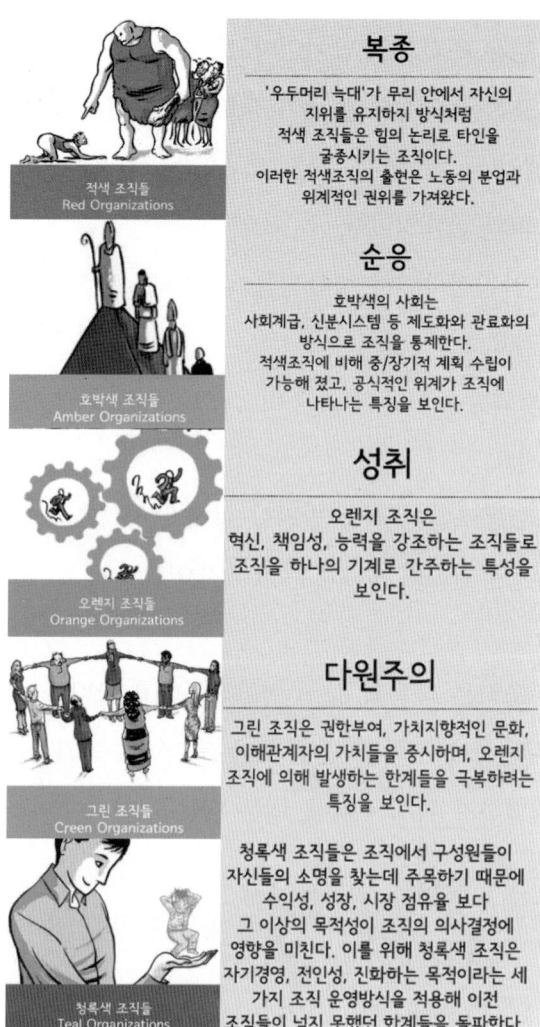

1. 유인원시대에 대장이 있었고 조직을 이끌었습니다. 그래서 복종을 강조했

• 사회적 기업의 대안

고 지금의 마피아 같은 조직으로 남아있다고 합니다.

  2. 그런데 그런 조직은 당장의 생존이 중요했기에 미래가 없었고 조직의 크기에 제한이 있어 생겨난 조직인 순응을 요구하는 지위체계와 계급이 생겼다고 하지요. 지금의 교회와 군대입니다.

  3. 이후에 산업이 발전하면서 생산성을 강조하는 조직의 형태가 생겨났습니다. 지금의 기업이지요.

  4. 산업시대에 소외받는 노동자 계층이 스스로 생존하기 위해 만든 협동조합이 이것에 해당하지요.

  5. 그리고 이런 협동조합이 최종 발전한 형태가 청록조직으로 분배와 경제의 발전이 균형을 이루는 최고의 단계라는 것이지요.

이 책에 따르면 조직은 다음과 같이 변화하였다고 합니다.

사회적기업이 탄생하고 주목을 받는 이유는 자본주의가 실패한 분배와 성장의 한계 문제를 해결하기 위해 주목을 받는 다는 것입니다.

애플, 아마존, 구글 등은 사람들의 생활에 대한 패러다임을 바꾼 기업들입니다.

저는 개인적으로 경제학에 입각해 사회적기업이 자본주의의 새로운 패러다임으로 잡을 수도 있다는 생각을 하고 모든 경제활동의 패러다임이 될 수 있다는 생각이 듭니다.

1인 가구

이제는 후분양제등과 맞물려, 선분양 또는 청약이 점점 어려워질 수 있습니다. 그러면 부동산 시행업이 분양하여 수익을 내는 사업에서 장기 임대수익을 올리는 사업으로 변모할 가능성이 높습니다.

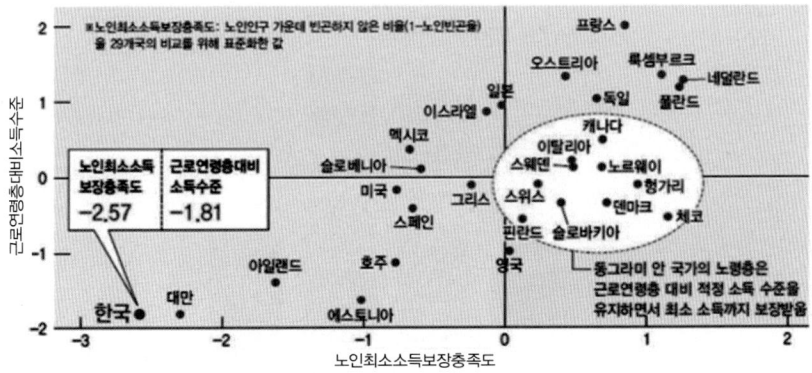

• 1인 가구

1인 가구와 공유주택

제가 이전에 공유경제가 뜨고 있지만 한국은 기본적으로 주택을 개인의 고립되고 독립된 것으로 생각하기에 타운하우스 등 단독 주택의 열기가 가라 앉지 않을 것이라는 말을 한 적이 있습니다.

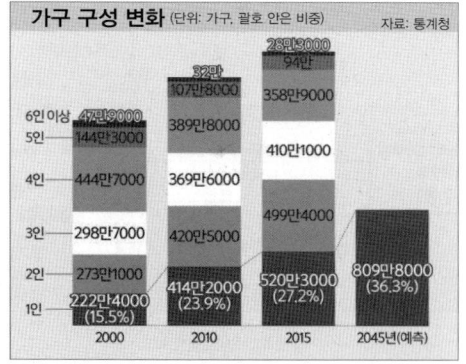

하지만 이미 1인가구는 30%(2018년기준)를 넘어섰지요

그들의 인식은 다음과 같다고 합니다.

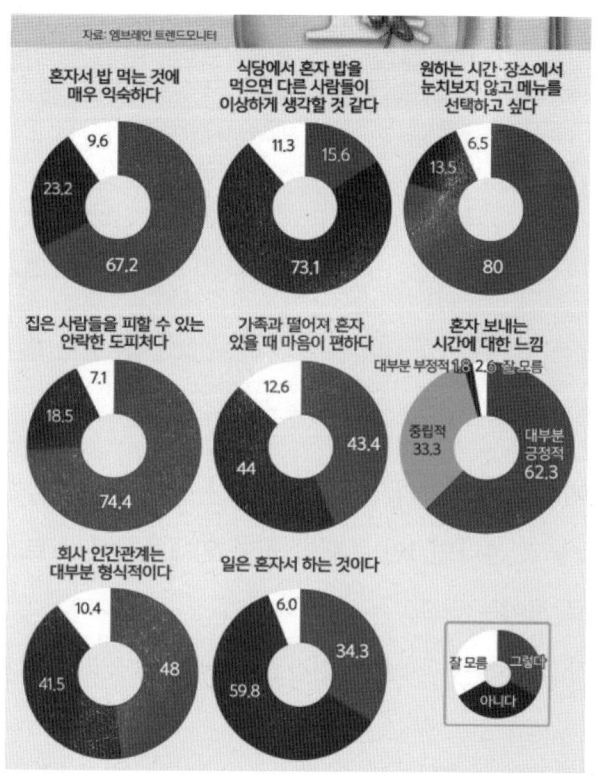

위의 결과를 보아도 1인 가구의 증가가 공유경제인 쉐어하우스 등을 선호하는 것은 아닌 것으로 보입니다.

• 1인 가구

쉐어하우스는 어쩌면 청년층들이 임대 주거비용을 줄이는 효과가 큰 것으로 보입니다.

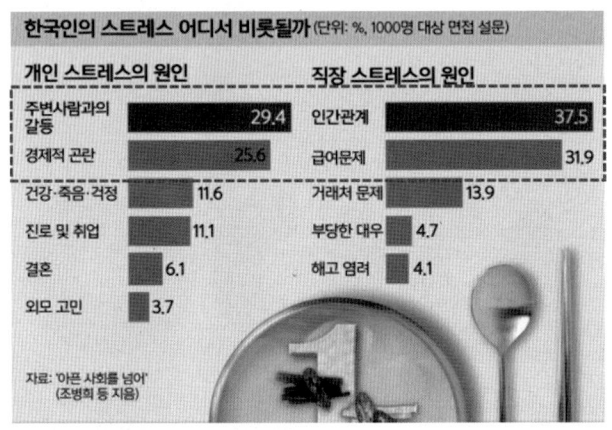

경제적 곤란과 주변사람과의 갈등이 가장 큰 스트레스의 원인이니

위의 결과만 놓고 본다면 1인 주택인 청년 임대주택이 스트레스를 줄여주는 확실한 대안으로 보이는 군요.

쉐어하우스가 결국 주변 사람과 인간관계 갈등을 불러 일으킬 수 있으니 말이지요.

그리고 또 한가지 주목해야 하는 것은 혼밥입니다.

그리고 가성비와 욜로족이 대두되면서 대형마트가 지고 편의점과 다이소가 뜨고 있지요.

결론적으로 우리나라 젊은이들 청년들이 원하는 것은 나 혼자의 독립적인 공간이지만 금전적인 부담이 없는 주거비인 듯합니다.

• 1인 가구

청년 그리고 우리

정부가 소득주도라는 표현을 한 것이 문제가 아니고
실제로 그러한 방법으로 경제성장 혹은 그러한 방침을 선택하고 끌고 나간다는 게 문제라고 생각합니다.

한 애독자의 글입니다.
"최저임금 오르고 그걸 감당하기 어려운 기업이 있다고 또 낭비적 세금지원….
애초에 최저임금이 정부가 하지 못하는 복지를 기업에게 일정부분 전가하는 성격도 있는데 문제는 최소한으로 해야 할 것은 최대한으로 하려고 하기 때문입니다.

전 제조업 관리직인데 요즘 정말 피부에 와 닿습니다. 52시간으로 일하다가 3시에 퇴근하는 사람도 있습니다. 사람을 더 뽑으면 된다구요??

최저임금 올라서 쉬운 일해서 돈 벌면 되는데 어려운 일 할까요.

물론 어려운 일 하는 기업은 더 임금 높여야 하겠죠. 다만 기업이 감당할 속도나 이익창출속도보다 강제로 연 두 자릿수 이상 급여를 높였습니다. 저희는 이미 최저시급 1만원가까이 주었음에도 사람 구하기가 힘듭니다. 하물며 지금은 구해도 52시간으로 일하다가 퇴근합니다.

어떤 사회적기업이 혁신과 경제성장을 가져오는지 저로서는 이해가 가지 않네요.

규제가 꼭 나쁜 건 아니라는 건 알고 있습니다만 다같이 잘살자는 허황된 이데올로기가 우리사회의 발전을 막고 있다고 생각들 때도 있습니다. 함께 잘사는 나라 좋죠. 하지만 그게 가능한가요? 함께. 잘 사는 나라의 정의는 무엇인가요.

추상적 이데올로기로 편가르기 배아파리즘을 강요하는 거 같기도 합니다.

자본주의 사회에서 합당한 투자와 노력으로 자산가치를 늘리는 것에 대해 적폐라는 프레임 씌우고 불로소득이라고 폄하하고 오로지 노동가치만 신성시하는 후진적 사회가 개선되야 합니다.

두서없이 푸념을 늘어 놓았네요

즐거운 명절 보내세요‥"

• 청년 그리고 우리

이분의 글을 보면서 제가 말하는 사회적기업이라는 뜻이 잘 전해지지 않은 것도 같고, 제가 너무 앞선 말을 한 것도 같다는 반성을 했습니다.

다음 그림은 우리나라 GDP 대비 가처분 소득의 비율입니다.

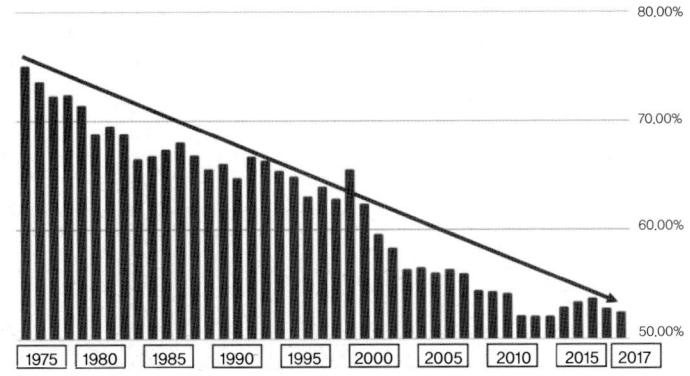

가처분소득이라는 것은 국민소득 통계상의 용어로 개인소득 중 소비·저축을 자유롭게 할 수 있는 소득을 말합니다.

이것이 계속 줄어간 것이지요.

줄어가는 이유는 임금인상이 줄어든 것과 지출이 많아진 두가지 이유가 있습니다.

[소득]

기업의 소득과 개인의 임금 변화 추이

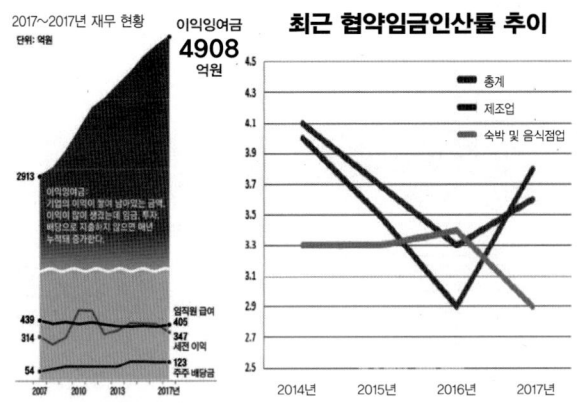

상위 10%와 90%의 수입 차이

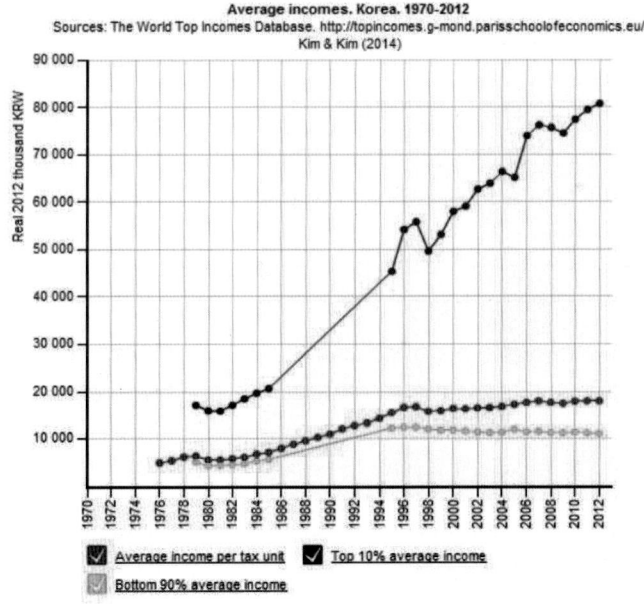

• 청년 그리고 우리

경제성장률과 임금 상승률

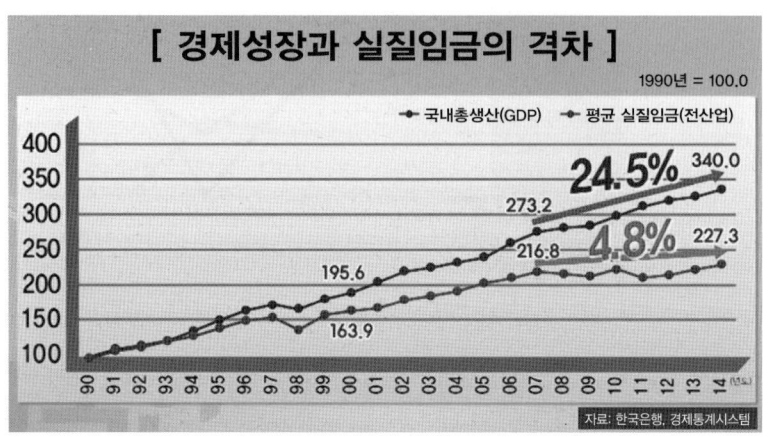

(사진제공=광화문시네마)

위의 통계를 보면 기업은 수입을 올리지만 근로자에게 내려가는 임금은 정체라는 것이고, 경제는 성장하지만 임금은 성장하지 않는다는 것을 보여주며, 상위 10%와 하위 90%의 격차는 점점 커져만 간다는 것이지요.

영화 '소공녀'에서 가사도우미로 일하는 미소의 하루 일당은 4만5000원이다. 월세 1만 원, 식비 1만 원, 약값 1만 원, 위스키 값 1만2000원, 세금 5000원, 담뱃값 4000원을 빼면 6000원이 마이너스다. 설상가상으로 월세까지 5만 원 인상되자, 미소는 과감히 집을 포기한다.

미소의 이야기는 주변에서 흔히 볼 수 있는 청년 빈곤층의 이야기다. 동시에, 주변에서 절대 볼 수 없는 모습이다. 대학가나 역세권은 물론 역에서 한참 떨어진 비역세권까지 주거 비용이 점점 오르면서 힘들어하는 청년들이 늘고 있지만, 집을 포기하는 청년은 없다. 다른 지출을 막더라도 집이라는 공간만큼은 수호한다.

이를 수치화 시킨 것이 '슈바베지수'다. 슈바베 지수는 1868년 독일 통계학자 슈바베가 베를린의 가계조사를 진행하며 발견한 법칙을 지수화한 것이다. 고소득층일수록 가계에서 주거비가 차지하는 비중이 감소하고, 저소득층일수록 가계에서 주거비 비중이 증가한다는 것이다.

고소득층은 주택을 소유한 경우가 많으므로 임대료로 지출하는 비용이 없다. 반면, 집이 없는 저소득층일수록 임대료에 지출하는 비용이 많다. 따라서 수입이 일정한 청년들은 전셋값이 오를수록 슈바베 지수가 높아져 빈곤층에 속하게 된다.

▲ 집은 포기해도 술과 담배는 포기할 수 없는 미소는 친구들의 구박에도 자신의 취향을 포기하지 않는다.

미소는 집을 포기함으로써 주거 비용을 '0'으로 만든다. 수치상으로는 최상위

• 청년 그리고 우리

고소득층이다. 하지만, 본인이 가장 좋아하는 위스키 한 잔과 담배 한 갑은 포기하지 않는다. 차라리 술과 담배를 끊고 집을 구하라는 친구들의 말에도 미소는 본인의 신념을 굽히지 않는다.

"집이 없어도 생각과 취향은 있어."

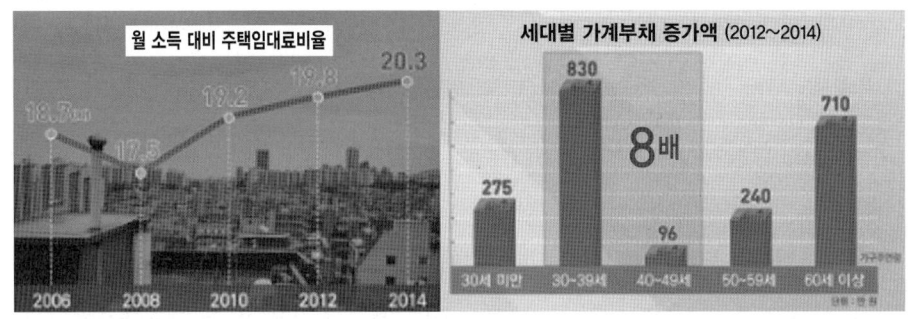

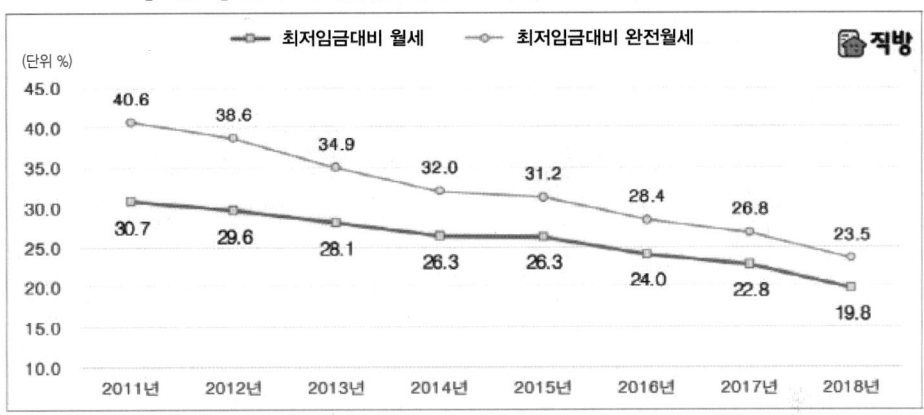

[그림 1] 전국 최저임금 대비 원·투룸 월세 임대료 실거래가

출처: 국토교통부, 실거래가 (1.11 공개기준), 한국은행
주 1) 원·투룸 기준: 단독·다가구 계약면적 40㎡이하 월세 실거래가 기준
주 2) 완전월세=월세+환산월보증금(환산월보증금=보증금*신용대출금리/12)
주 3) 2016~2018년 최저임금 고시기준, 2011~2015년 월 209시간 가정

하위계층일수록 주거비 부담이 높습니다.

그리고 하위계층일수록 주거비 지출이 가계지출 중에 제일 높습니다.

최저임금의 인상이 주거비 부담을 줄이는 순기능 역할을 하고 있다는 것도 있지요.

그런데 소비로 연결되지 않고 있습니다

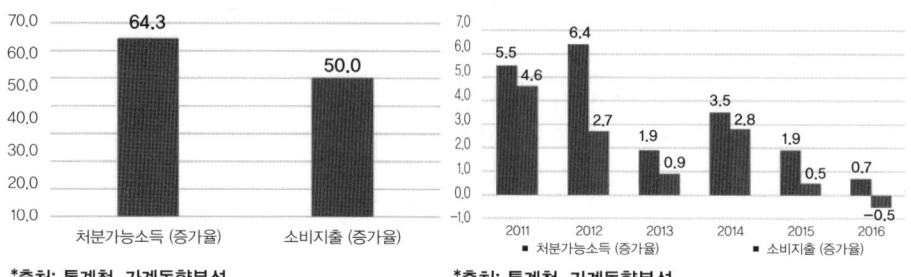

주거비가 높아질 것이라는 미래의 부담감 때문이지요. (한국경제연구원 자료)

따라서 지금의 경제를 활성화하려면 산업을 육성해야 한다고 하는 사람들의 지적은 틀린듯 합니다.

자본주의의 소비와 공급은 이제 글로벌 하게는 한계에 다다른 듯합니다.
조지 슘페터가 창조적 파괴를 통해 자본주의가 발전했다고 말했지요.

말 --> 증기 --> 전기 --> 컴퓨터 --> 인터넷 --> 모바일

다만 수요와 공급은 한계가 있는 것지요.

현재까지는 1972년 이후 세계 경제가 발전한 것은 창조적 파괴인 기술의 발전

이외에 화폐의 유통량을 늘려서 입니다.

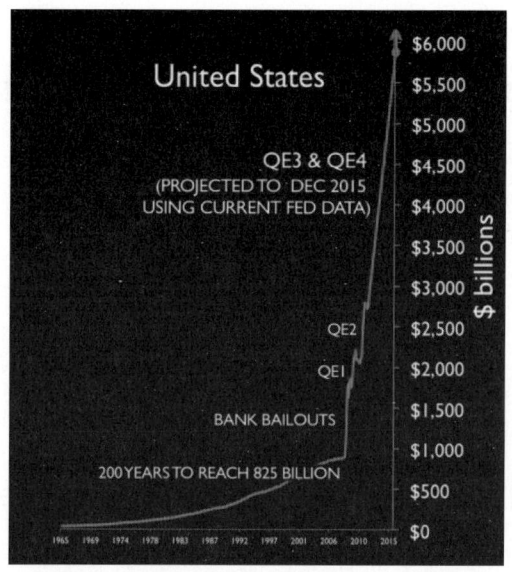

화폐의 유통량이 늘어난 것은 그 만큼 빚이 늘어난 것이고 사람들은 빚으로 소비를 하였으며, 기업은 공급을 하면 사람들은 빚을 내어서 그것을 소비한 것이지요.

1920년부터 1970년까지 50년간 정부가 주도하는 경제인 수정자본주의 시대에는 소비와 공급이 균형을 이루었습니다.

1970년부터 2010년까지 신자유주의 경제 시대에서는 빚이 소비를 일으켜 경제가 발전했지요.

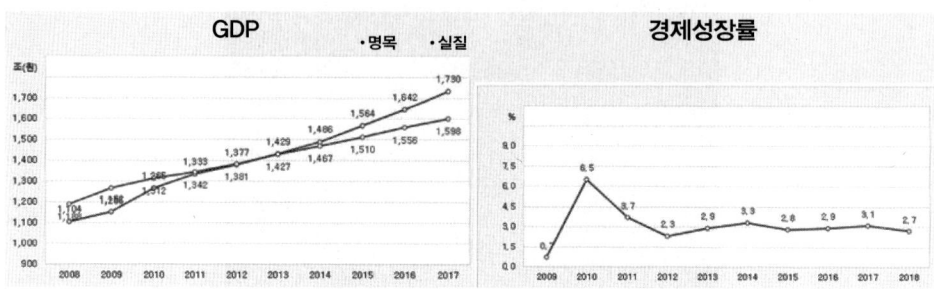

우리나라 GDP와 경제성장률입니다.

10년전과 비교하면 2008년에 1% 경제성장률을 위해서 12조만 늘어나면 되었지만 이제는 18조가 늘어나야 합니다. 30% 이상의 소비와 투자가 있어야 한다는 것이지요.

따라서 경제규모가 커질수록 당연히 경제성장률은 내려가며, GDP가 마치 경제성적표라고 보는 것은 맞지 않습니다.

제가 사회적 기업을 혁신적 기업이라고 하고 우리나라 경제 상황에서 대안이라고 하는 이유는 합리적인 가격을 통한 합리적인 소비가 활성화되고 이로서 합리적인 지출을 통한 소비가 활성화되리라는 기대 때문입니다.

또한 유럽처럼 이런 합리적인 소비와 지출로 인해 더 많은 일자리가 창출될 수 있기 때문이지요.

다만 우리나라 청년들은 소외된다는 생각을 지울 수가 없을 겁니다.
점점 청년의 인구가 줄어들고 사회에서 주도적인 위치에 있지 못하니까요. 관심의 대상에서 멀어집니다.

청년의 인구수가 한 나라의 부국임을 결정하는 중요한 요소라는 것은 제가 여러 번 지적한 것입니다.

• 청년 그리고 우리

청년임대주택

청년임대주택이라는 것은 제 책에서도 언급했듯이 역세권 350m 이하에 토지를 매입하거나 토지주가 직접 청년임대주택 사업을 신청하면 총 사업비의 90%는 주택보증공사가 보증서를 발급하고 자기자본 10%만 가지고 청년을 위한 임대주택을 건립한 후, 10년간 의무적으로 청년들에게 주변시세의 90%에 해당하는 임대료만을 받아야 합니다.

다만 현재 3종 주거지는 상업지로 용적률 600%의 상업지는 용적률 800%로 상향되는 인센티브를 지급합니다.

그리고 입주하는 청년들에게는 서울시에서 무이자로 5천만원의 보증금을 지급하는 방식으로 임대확약을 하고 있습니다.

제가 청년임대 주택에 관한 관심을 가지고 책을 쓰자 애독자분들 중에 많은 분들이 청년임대주택에 관심을 나타냈습니다.

그런데 그 중 많은 분들이 자기자본은 최소화하고 이익을 극대화하는 일반 시행업으로 생각을 하시더군요.

청년임대주택은 일반 시행업보다 사실은 더 많은 자본이 투여되어야 합니다.

일반 시행업이 자기자본 5% 미만으로 하는 사업이라면, 청년임대주택은 자기자본이 10% 이상 투여되어야 하는 사업입니다.

HF에서 90% 사업비를 조달한다고 해도, 최소 자기자본이 10%가 되어야 하는 문제점이 있지요.

구분	일반시행업	청년임대주택
자기자본	5% 이하	10% 이상
금융구조	PF	HF
분양성	변동성 큼	확약
대주단 상환	준공후 100% 상환	준공후 LTV 70%안에서 담보대출 전환
임대운영	없음	임대운영 기간 10년
수익	준공후 자기자금 및 수익 회수	준공후 자기자금 회수, 배당수익 및 10년후 매각 수익

위와 같은 차이가 있어서 실제로 청년임대주택 사업은 일반 시행업을 염두에

둔 사람들은 접근하기가 실제로 어렵습니다.

사회적기업들이 몇년간 서울시, LH공사와 공공임대주택을 공급하고 운영을 한 노하우가 없으면 실제로 임대운영을 할 수 없기 때문입니다.

청년임대주택은 자산가들, 토지주들이
1. 개발 사업을 하기에는 어려움이 있고,
2. 자기의 자산을 오랜 기간 안정적인 운영을 하고
3. 임대운영 및 서울시 승인, HF자금조달의 경험이 있는 기업에게 맡겨
할 수 있는 사업입니다.

또는 정말로 운 좋게 토지주가 토지비의 90% 이상을 유예하고 나중에 토지비를 회수하는 것이 아니라면 할 수 없는 사업이지요.

그리고 앞에서도 언급한 바와 같이 서울시 승인, HF 자금조달, 운영의 경험이 없는 초보자 PM들은 할 수 없는 사업입니다.

청년임대주택에 대한 공부를 하면서 제가 느낀 최고의 어려움은 바로 임대운영에 대한 노하우입니다.

어떻게 COMMUNITY를 만들고 어떻게 입주자들에게 양질의 서비스를 제공할 수 있는 가에 대한 공부가 먼저입니다.

왜냐하면 말 그대로 청년임대주택이기 때문이지요.

임대주택에 대한 노하우가 전혀 없는 사람은 절대로 해서는 안되는 사업입니다.

일단 사업을 해서 자본적 이득을 취하는 것 만을 목적으로 하는 사업은 제가 단언하건데 절대로 성공할 수 없습니다.

대부분의 사회적기업이 임대를 통한 사회적기여에 더 많은 가치를 부여하고 본인들이 해온 임대사업의 노하우를 통해서 어떻게 임차 청년들의 COMMUNITY를 만들 것인가에 많은 시간을 투여합니다.

이것이 불나방처럼 사업적이익만을 도모하는 일반인들과 차별화되는 포인트입니다.

민간업자들의 관심이 집중되며, 청년임대주택 사업이 과열 양상을 보이자 HF가 최근에 규제를 강화했다고 합니다.

2명의 제자가 있는데 한 명은 자산운용사에서 일하고, 나머지 하나는 현재 서울에서 청년임대주택 사업을 하고 있습니다.

그 둘의 이야기를 들으면 청년임대주택에 대한 HF의 보증이 강화되었다고 합니다.

자기자본
총사업비의 10% --〉 20%

시공사
제한없음 --〉 도급순위 200위이내

무엇보다 자기자본 요건이 강화되어 이제는 일반 시행사는 쉽게 접근이 어려울 듯합니다.

땅만 계약하고 서울시 지구단위 계획에 따른 종상향을 인허가를 득한 후, 최종 자기자본 20%를 맞추려면 적은 돈으로는 시작이 어려울 듯합니다.

무엇보다 10%만 자기자본을 투자하고 준공 후 보증금과 상가 분양으로 자기자본을 회수한후 HF 대출의 20%를 상환하고 나머지를 10년간 분할하여 상환

하던 방식이 자기자본 회수가 어려워질 수 있는 것이지요.

따라서 자산운용사들의 수익률과 배당률도 변화가 생길 듯하고 빠른 시행이익 회수를 원하는 일반 시행사들은 더욱 어려움이 커질 듯합니다.

결국 청년임대주택 사업은 자본가들이 본인의 자산을 PARKING하는 사업의 성격을 가질 듯합니다.

역세권 350M이내에 땅을 매입해서 종상향을 받아 임대로 10년간 수익을 창출하고 향후 매각가치를 극대화하는 전형적인 자산운용사의 사업이 될 듯합니다.

시행사는 토지를 계약하고 서울시의 인허가를 득한 후, HF에서 보증서를 발급받을 때 자산운용사에게 일정금액에 양도하는 구조가 될 듯합니다.

자본주의의 善

국부론의 저자인 애덤스미스,
자본론의 저자인 칼마르크스,
그들이 왜 경제학자이기 이전에 뛰어난 철학자로 칭송을 받는 지를 경제학을 공부할 수록 깨닫게 됩니다.

또한 과학으로서 이해가 안되는 신의 오묘한 진리를 경제학에서 깨닫게 되는 것도 대단하다는 느낌이 듭니다.

많은 사람들이 말하기를 시장자본주의의 근간은 "자유"라고 말합니다. 그리고 시장자본주의가 민주주의의 근간이고 이것이 결국 공산주의를 이겼다고 하지요.

애덤스미스는 인간의 이기심이 시장의 보이지 않는 손에 의해 시장경제를 유지하고 이것이 결국 사회를 발전시키는 원동력이라고 자본주의를 설명했습니다.

그런데 현대 자본주의에서 자유란 소유, 소비에 대한 자유를 의미하게 되었습니다.

무엇이든 소유할 수 있고, 무엇이던 살 수 있는 자유가 사람들이 추구하는 진정한 자유라는 것이지요.

이로 인해 보이지 않는 손은 끊이 없이 상승하고, 공급은 과다하고 가격은 오르는 결과를 만들었습니다.

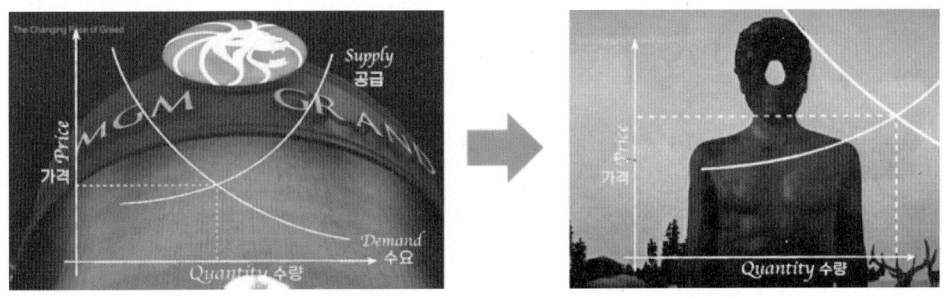

이에 대하여 저는 다음과 같은 생각을 하고 있습니다.

• 자본주의의 善

신이 창조한 에덴 동산은 노동을 하지 않아도 살 수 있는 낙원이었지요

그런데 이브가 사과를 먹은 후에 인간은 에덴에서 쫓겨나고 이후에 노동을 해야만 소비를 할 수 있는 상황으로 바뀌었습니다.

인간이 사과를 따 먹고 싶은 욕망이 (소비의 욕구) 인간으로 하여금 노동을 하게 만들었고 노동력에 의해 생산을 하지 않으면 소비의 욕구가 채워지지 않으니 인간은 끊임없이 노동을 해서 생산을 하고 소비의 욕구를 채워 나가는 악순환의 고리에 빠지게 된 것으로 보입니다.

사람들은 GDP를 다음 두가지로 표현합니다.

GDP (Gross Domestic Product) : 경제 총량

GDP (Gross Debt Product) : 빚의 총량

자본주의 사회는 역사적으로 다음과 같이 발달했습니다.

오래전에는 농업혁명이 일어나 농업이 국가의 부를 결정하는 중농주의가 대

세였지요. 이 당시에는 화폐보다는 물물교환이 일반적이었습니다.

이후 네덜란드를 중심으로 배를 타고 아시아에서 향료를 수입하여 판매하는 중상주의가 대세로 나타납니다.

이후 영국을 중심으로 산업혁명이 일어나고 전세계의 GDP는 이전과는 다르게 급격히 증가하기 시작합니다.

이때부터 화폐의 본격적인 역할의 중요성이 강조되었습니다.
그 이전에는 화폐의 용도가 제한적이었는데, 이때부터 많은 노동자, 근로자들이 화폐를 통해 재화를 소비하기 시작하면서 통화정책 (MONETARY POLICY)이 주목을 받기 시작했습니다.

산업혁명은 다음과 같이 한마디로 묘사됩니다.
"엘리자베스 여왕에게만 실크스타킹을 신키려고 생산을 하는 것이 아니라 공장의 여자 노동자도 실크스타킹을 신을 수 있게 하기 위하여 생산을 한다"
이전의 일부 귀족을 위한 생산에서 이제는 대중을 위한 대량생산이 이루어지고, 대중이 대량 소비를 하는 시대가 열리게 되었습니다.

이때부터 일반 대중은 소비를 하기 위해 노동력을 제공하고 그 대가를 화폐로 받게 되었습니다.

• 자본주의의 善

아래 그래프는 미국의 1950과 2015년의 실질 GDP 및 명목 GDP의 변화를 보여주는 것입니다.

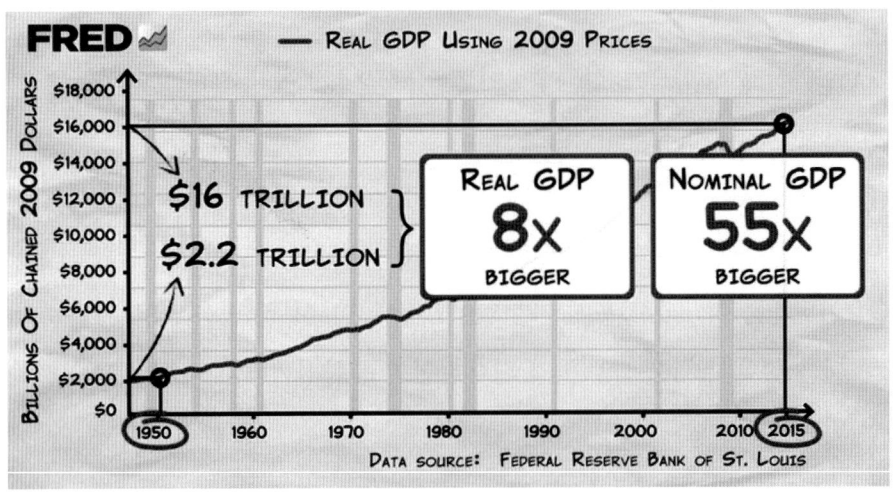

물가상승률을 반영한 실질 GDP는 1950년에 비해 8배 상승했습니다.
즉, 8배 더 생산하고 소비했다는 뜻이지요.

그런데 물가상승률을 반영하지 않은 명목 GDP는 1950년에 비해 55배 상승했습니다.
다른 말로 하면 화폐가치가 하락했고, 생산이 아닌 빚으로써 8배가 아닌 55배만큼 소비했다는 뜻이 됩니다.

빚이 늘어나 화폐의 유통량이 많아졌고, 화폐의 유통량이 많아졌으니 화폐의 가치가 하락해서 물가가 상승하고 경제총량(GDP)이 증가하는 것으로 보이는 것입니다.

빚이 없어서 순전히 생산된 것이 소비되었다면 1950년에 비해 8배 더 생산되고 소비되어야 하는데 55배 생산되고 소비된 것으로 보이는 것은 순전히 화폐의 가치 하락 때문이고, 결국 빚으로 소비한 결과입니다.

이렇게 화폐의 가치하락으로, 은행에서의 빚으로 경제가 성장하는 것으로 보이기에 현재를 금융자본주의라고 부르는 것이지요.

자본주의는 한계에 부딪힐 때마다 새로운 방법을 강구했습니다.

대표적인 것이 글로벌화이지요. 인터넷으로 발달로 세계가 하나로 묶이게 되고, 보다 싸고 많은 생산을 위해 기업들은 공장을 저렴한 인건비와 많은 노동력을 손쉽게 확보할 수 있는 곳으로 이전하게 되었고, 그렇게 글로벌화가 되면서 한 나라의 화폐가 국경을 넘어서 통용되다 보니, 금융이 중요하게 된 것입니다.

이제는 성장이 아닌 안정을 소비와 소유의 자유가 아닌 물질로 부터의 자유를 얻는 인간의 진정한 행복을 찾는 사회 노력이 탄생할 것이라고 생각됩니다.

• 자본주의의 善

로치데일의 협동조합은 자본가의 착취로 부터 진정한 자유를 얻으려는 일종의 움직이었다고 생각 합니다.

자본주의에서의 善이란
인간의 이기심이 아닌, 모두에게 진정한 행복을 가져다 주는 무엇이라고 생각합니다.

제가 가치주의에 관심을 가지는 가장 큰 이유는 바로 이런 소비와 소유에 대한 자유를 얻을 수 있는 그 무엇이 아닐까 하는 희망 때문입니다.

이제는 가치주의와 같이 생산하고 소비하는 것 이외에 가치를 부여하는 자본주의 시대가 도래하고 있는 듯합니다.

가치주의 시대

일본의 마크 저커버그라 불리는 스타트업 사업가 사토 가쓰아키가 저서인 머니 2.0에서 주장한 글입니다.

자본주의는 점점 그 한계를 들어낸다고 합니다.

이유는 모든 것의 가치가 이윤이고, 이윤을 극대화하기 위해 효용성을 강조하는 것만 해왔다는 것입니다.

모든 가치는 교환의 가치, 사용의 가치 등 가치를 측정할 수 있는 가치만 가치로 인정해왔다는 것입니다.

그런데 이제는 내재적 가치, 사회적 가치를 더 중요시하는 시대가 도래했다는 것입니다.

돈 중심의 자본주의는 회사의 이윤을 위해서 직원들을 한계로 내몰거나 고객중심을 강조하며 근로자는 모두 계약직으로 사용하는 것이 현재의 자본주의입니다.

가치주의는 현재까지 측정하지 못했던 사회적 가치, 내면적 가치를 디지털로 표시가 가능하게 되었다고 말합니다.

페이스북의 좋아요, 친구 맺기 등등 지금까지 보이지 않던 가치가 디지털로 변형되어 가치를 측정하기 되었다는 것입니다.

또한 핸디폰이 모든 사람들에게 보급되어, 지금까지 와는 다른 방식으로 사람들은 어떠한 일에 대한 가치를 부여하기 시작했습니다.

청년임대주택의 시범사업 및 운영 상황을 유튜브, 페이스북 등을 통해 많은 사람들에게 보여주면 많은 사람들에게 적은 돈을 투자 받아 청년들에게 저렴한 임대주택을 제공하는 가치 있는 일을 할 수도 있게 됩니다.

지금까지는 가치를 측정할 수 없는 일들이 이제는 디지털로 가치를 측정하여 자금을 모으고 관심을 끌고, 투자자들의 관심을 끌어 모을 수 있게 된 것입니다.

향후 10년은 어떤 일을 할 때 그 일이 가치가 없는 일이라면, 이윤만 추구하는 일이라면 사람들의 외면을 받는 시대가 도래할 지도 모릅니다.

자본주의 사회에서 타인의 공감, 호의, 신뢰 등은 가치로 인정할 수 없었습니다. 하지만 인간의 내면적인 것을 데이터로 나타내기 시작했습니다.

전형적으로 주목, 흥미, 관심이지요.
좋아요, 추천 등으로 내면적인 가치가 데이터화 되기 시작했고

지금까지의 가치의 의미가 변할 것 같습니다.

chapter 6

부동산의 가치주의

세계의 주택정책-싱가폴

우리나라가 분양가 상한제 때문에 많은 논란이 있습니다.
토지를 국가가 소유하는 싱가포르에 대해서 소개하려고 합니다.
2006년에 발표된 싱가포르 HDB 리포트를 기초로 했습니다.

싱가폴
[공공주택 공급방식 : 토지임대 환매조건부 주택분양방식]
- 토지와 주택의 소유권을 분리해 토지소유권은 공공(주택건설청; HDB)이 가지고 있으면서 건물만 분양하는 방식
- 특정 계층이 아닌 전체 국민을 위한 주택공영개발 모델(국민 84%가 거주)
- 싱가포르 인구중 HDB에 거주하는 인구의 비율은 1960년의 9%에서 급성장하여 1975년 47%, 1990년에 87%의 정점을 기록. 2000년대에 들어서 다

소 감소하였으나 2006년 현재 전체 인구의 약 82%가 HDB 주택에 거주하고 있는 것으로 나타남

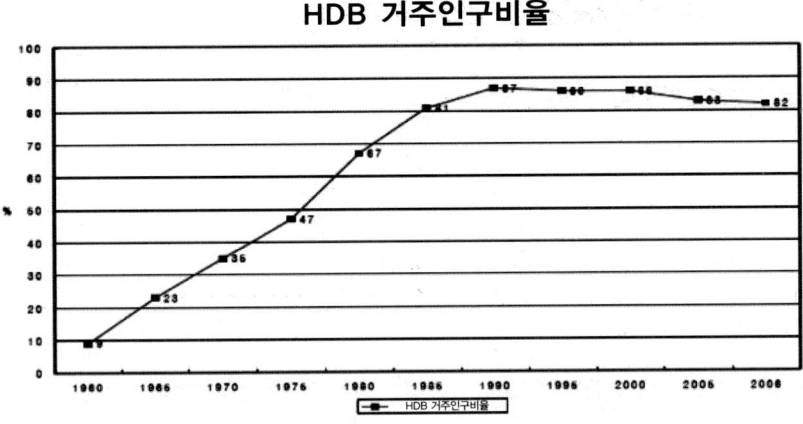

싱가포르의 HDB주택에 거주하는 인구비율 추이(단위: %)

[싱가폴의 주택시장 구성]

- HDB 제공 공공주택시장(84%), 민간주택시장(16%)
- HDB 공공주택의 98%는 토지임대 환매조건부 분양주택이며 2%는 임대주택
- 토지임대 환매조건부 주택은 신규공공주택, 재판매(resale) 공공주택으로 구분
- 2006년 3월 31일 기준으로 싱가포르의 HDB 주택은 약 88만호. 전체 HDB 주택의 규모별 분포를 살펴보면 3 Room 이상의 유형이 많아서 25.4%,

37.6%, 그리고 23.6%가 각각 3, 4, 5 Room Type에 해당

- 이중에서 1~2 room 유형은 주로 임대 형태로 운영됨

싱가포르 HDB 주택규모별 분포유형

(단위: 호, %)

구분	임대	분양	총합계	구성비
1 room	19,491	653	20,144	2.3
2 room	22,599	6,584	29,183	3.3
3 room	6,351	217,058	223,409	25.4
4 room	619	329,797	330,416	37.6
5 room	0	207,879	207,879	23.6
executive flat	0	65,153	65,153	7.4
studio	0	1,043	1,043	0.1
HUDC	0	1,865	1,865	0.2
합계	49,060	830,032	879,092	100.0

자료: HDB Annual Report 2005-2006. (2006. 3. 31 기준)

[공공주택 공급 및 배분체계]

✔ 분양기회 : 신규 공공주택은 생애 2회 분양 가능

- 두 번째 분양은 첫 분양 10년 이후 기회 부여(단, 2실 거주자는 5년)

✔ 대상자 : 싱가폴 시민, 21세 이상자, 가족구성 조건, 총가구 월수입, 재구매 유무(2회 구입자는 규모에 따라 차등, 5.10년) 민간주택 미소유 등의 조건 충족자

✔ 싱가포르의 소득계층별 주택유형을 2000 센서스 자료로 살펴보면 총 92만 3천가구 중 약 84%가 HDB 주택에 거주

- 월평균소득 1,000$(Sr)미만인 가구 12만 가구중 약 22%가 HDB 1~2 Room에 거주

- 월평균소득 1,000~3000$(Sr)미만 가구는 주택규모를 조금 더 늘려서 3 Room(37.7%), 4 Room(40.4%)

- 월평균소득 4,000~7000$(Sr) 미만 가구는 3 Room(21.7%), 4 Room(37.8%), 그리고 5 Room(30.7%)

- 월평균소득 8,000$(Sr) 이상 가구는 3 Room(8.3%), 4 Room(19.8%), 그리고 5 Room(35.8%)로 소득증가에 따라 주택의 상향이동이 이루어지고 있는 것을 알 수 있음

- 한편 9000$(Sr) 이상인 가구는 HDB 주택이외의 주택에 거주하고 있는 비중이 높아서 콘도 및 개인주택(23.2%), 토지임대를 통한 개인주택(21.3%)에 거주하고 있음

소득계층별 주택유형

(단위: 가구수, %)

월평균 소득($)	총가구수	소득 분포(%)	HDB 주택(Room)						기타			
			1-2	3	4	5 & E/F	기타	소계	다른 공공 주택	콘도/ 개인 주택	토지 임대	기타
총가구수	923,325	100.0	5.0	25.7	33.2	23.7	0.4	88.0	0.8	6.0	5.1	0.1
1000미만	116,281	12.6	22.0	39.2	20.6	8.3	0.3	90.4	0.7	3.8	4.9	0.2
2000미만	128,879	14.0	8.9	42.5	36.7	9.0	0.4	97.6	0.2	1.1	1.0	0.1
3000미만	136,127	14.7	3.5	33.1	43.9	15.6	0.4	96.6	0.3	1.6	1.4	0.1
4000미만	121,331	13.1	1.7	26.9	43.1	23.3	0.4	95.4	0.4	2.4	1.7	0.1
5000미만	95,196	10.3	1.1	21.7	40.9	30.2	0.3	94.3	0.5	3.1	2.1	0.1
6000미만	75,419	8.2	0.8	18.2	35.9	36.1	0.3	91.4	0.7	4.8	3.0	0.1
7000미만	57,506	6.2	0.5	15.5	23.7	39.8	0.3	79.8	1.0	6.2	4.2	0.1
8000미만	42,165	4.6	0.3	13.5	29.2	41.9	0.3	85.3	1.1	8.8	4.8	0.1
9000미만	32,424	3.5	0.3	11.5	25.6	43.0	0.3	80.8	1.7	10.7	6.7	0.1
9000이상	117,998	12.8	0.1	5.5	14.9	31.7	0.3	52.5	2.8	23.2	21.3	0.1

[신규 및 재판매 공공주택의 가격]

- ✓ 신규공공주택 : 민간아파트의 55% 수준, 토지 99년 임대(토지수용법, 1966년)

- ✓ 재판매주택 : 신규 분양가의 1.3~1.8배 수준(시세대로 판매)

[HDB 제공 공공주택의 특징]

- ✓ 의무거주(매매금지) 기간 : 신규 공공주택은 5년

- 재판매주택 : 최소 2년 6개월 이상 의무거주 후 매각가능

- ✓ 환매조건

- 모든 공공주택은 HDB를 통해 매각

- 신규공공주택 매각시 시세차익 환수(당초 분양가와 비교하여 시세차익이 있을 경우, 주택규모에 따라 10~25% 환수)9)
  - 재판매주택 비율은 전체 공공주택의 5% 수준이며, 거래가격은 시세로 결정10)
  ✔ 저가 분양주택 공급에 따른 손실은 재정으로 충당 : 국가재정의 3% 수준
  - 신규공공주택 가격은 대상계층의 소득수준에 연계해서 구매력을 최우선 기준으로 결정. 결손시 정부예산으로 지원11)

[싱가폴 주택정책의 시사점]
  1. 40여년에 걸친 토지국유화,
  2. 실수요자 위주의 공공주택 공급,
  3. 투기억제를 위한 재판매 규제,
  4. 그리고 이를 뒷받침한 재정지원 및 강력한 행정력에 기반

싱가포르는 국부인 리콴유 총리를 빼 놓을 수 없습니다.
그의 대표적인 정책이 바로 HDB와 CPF입니다.
제가 근무하기도 했던 싱가포르에 대해서는 언젠가 기회가 되면 말씀을 드리겠지만 싱가포르의 독립의 과정과 역사는 순탄치 않았고, 리콴유 총리의 탁월한 리더십이 없었다면 오늘날의 싱가포르는 존재하지 않았을 겁니다.

정치적 안정을 위한 HDB, CPF

1965년 말레이 연방에서 갑자기 떨어져 나와 의도하지 않은 독립을 하게된 싱가포르는 안보위기와 인종이슈가 가장 큰 문제였습니다.

말레이지아, 인도네시아, 마오주의 세력과 극단적인 민족주의자들간의 충돌이 싱가포르의 앞날을 풍전등화로 만들었습니다.

리콴유 총리는 절체절명의 위기에서 도심 유권자들이 반정부 성향이 일반적인데 만약에 모두 자신의 집을 가지고 있다면 파괴적 폭동을 일으키거나 여당에 반대표를 던질 이유가 적다고 생각했습니다.

그리고 국가의 안보를 위해 징집병을 모집하는데, 군인들이 자기의 가족을 지키는 것이 아니라 부자의 재산과 집을 지키기 위해 군대를 가야 한다면 문제가 발생할 것이라 생각했지요.

그래서 리콴유 총리는 1960년 총리가 되자 마자 HDB를 세우고 노동자들을 위한 저가 주택을 짓도록 했습니다. 낮은 금리의 15년 상환조건을 내걸었습니다.

초기에는 계약금 20%를 마련하기 어려운 노동자들 때문에 지지부진하던 HDB정책은 이를 해결하기 위해 CPF(중앙후생기금, CENTRAL PROVIDENT FUND)를 이용하면서 급격한 상승을 타기 시작합니다.

퇴직자금의 적립비율인 임금의 10%(고용자 5%, 피고용자 5%, 55세까지 적립)를 늘려 나가고 이렇게 적립한 CPF에서 HDB 계약금을 지급하고 나머지 잔금을 20년동안 분할상환 하도록 하였습니다.

CPF의 임금에서 납입비중은 계속 증가해 1980년대에는 임금의 50%까지 높아졌습니다.

리콴유는 엄청남 수준의 강제저축정책을 통해 주택보급을 늘리고 은퇴후를 도모하도록 함으로서 사회안정을 도모하고 정재 재정의 사회복지 지출 증가를 억제할 수 있었습니다.

이런 HDB, CPF의 성공으로 거의 대부분의 모든 사람들이 자신의 집을 마련하고 노후의 고민을 없앨 수 있었지요.

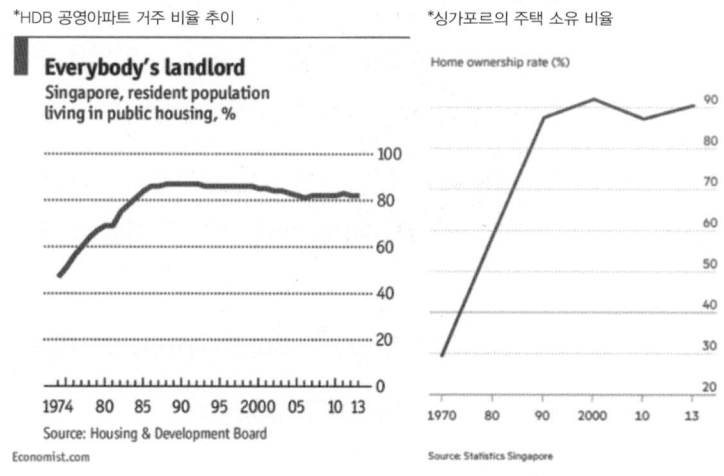

• 세계의 주택정책-싱가폴

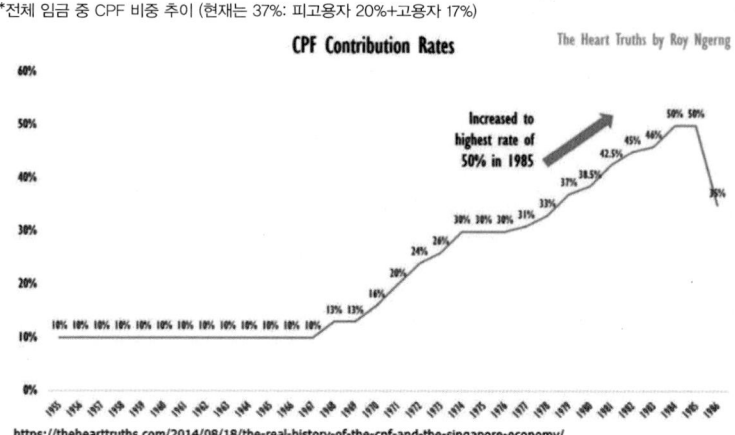

국가의 토지 수용

리콴유 정부는 토지를 수용할 때 법을 개정하여 1973년 11월 30일 시점 가격으로 매입하도록 하였습니다.

공공수용토지의 토지 소유자가 지가상승차익을 누릴 수 없도록 한 것이지요.

경제가 발전하면서 단 3번의 지가 상승이 있었습니다. 1986, 1992, 1995년

이런 식으로 싱가포르 정부는 전 국토의 90%를 소유하게 되었고, 이 토지에 100만채에 이르는 HDB 아파트를 값싼 비용(MBS채권)으로 지을 수 있었습니다.

HDB 아파트는 유럽의 슬럼화된 질 낮은 아파트가 아닌 저가형부터 호화 아파트까지 다양한 형태로 건설되었지요.

*전형적인 HDB 아파트 모습

* 런던 Control Tower 참사: 분열된 영국을 상징 하는 묘비

　　HDB 아파트는 홍콩과 비교하여도 싱가포르 국민들에게 더할 나위 없는 혜택이었습니다.

　　2017년 침실 3개의 HDB아파트는 평균 30만 싱가포르 달러 (미화 217,000)달러입니다. 하지만 정부보조를 받는 생애 첫 자기주택 구입자는 약 7만 5천 싱가포르 달러나 싸게 구매할 수 있다고 합니다. (25% 저렴)

　　부모집 근처면 추가 할인 혜택이 있고(노인복지 혜택), 담보설정이 금지되어 아무리 곤궁해도 집을 잃는 일이 없도록 했으며 HDB만이 주택할부금 청구가 가능하며 개인의 CPF 계좌에 여유자금이 있어도 추가 HDB 구입비용 지출을 억제해 가수요를 방지하고 있다고 합니다.

　　99년 장기 리스 계약인 HDB는 분양을 받으려면 3-4년을 기다려야 하고 출산율 장려를 위해 기혼자들만 대상으로 하고, 독신자는 35세가 되어야 분양자격이 주어진다고 합니다.

• 세계의 주택정책-싱가폴

사회주의 독재국가인 쿠바의 자가주택비율이 85%입니다. 1인당 국민소득은 7,657달러 (2016년 기준)입니다.

그런데 이보다 7배보다 높은 52,239달러인 싱가포르의 자가주택비율은 90% 정도로 쿠바를 넘어서고 있지요.

이는 HDB, CPF 정책 때문입니다.

한나라의 지도자의 철학 있는 정치가 30년후 어떤 결과를 가져오는 지 좋은 사례입니다.

*1974~1980년 시기 HDB 아파트

*2010년 HDB 아파트

*1963년 HDB 아파트

*2013년 HDB 아파트

세계의 주택정책-독일

독일은 선진국중 유일하게 자가주택비율이 낮고 임대가 보편화된 나라입니다.

독일이 이렇게 임대가 우선시되는 나라가 된 이유에는 조금 다른 이유가 있습니다.

2번의 세계대전이후, 황폐화된 도시에 사람들은 자기자산에 대한 꿈을 꾸지 못할 정도였지요.
집을 가진다는 의미가 없고 단지 기거할 수 있는 공간이 필요하다는 느낌 정도였다고 합니다.

그래서 자가비율이 현저히 낮은 독일을 독일 예외주의 (german exception)이라고도 합니다.

전후 독일은 다음과 같은 우려가 정부에 있었지요.
1. 주거불안으로 공산당이 득세하는 것을 방지
2. 전후 황폐한 도시에 주거문제 해결이 최우선 과제

그래서 공공, 민간 할 것 없이 주택 공급에 최우선의 정책을 펴게 되었습니다.

대부분이 집이 없다 보니 자기집에 살지 않고 공공임대주택에 사는 것이 사회적으로 보편화된 인식이어서 이에 대한 거부감이 없었다고 합니다.

우리나라로 말하면 "전세, 월세, 자기집"에 따라 사람을 차별화하는 것이 불가능했다는 것이지요.

그럼에도 불구하고 독일인들이 임대주택을 선호한 이유는 다음과 같다고 합니다.

1. 임대주택의 질이 나쁘지 않았고
2. 다른 나라가 주택 소유를 위해 모기지 대출에 대한 혜택을 부여한 것과 달리 독일은 전혀 세제 및 특혜가 없었고
3. 독일은행도 리스크 회피때문에 주택 대출을 꺼렸고
4. 물가도 안정적인 상황속에 집값이 오르지 않으니 소유에 대한 욕구가 없었다고 합니다.

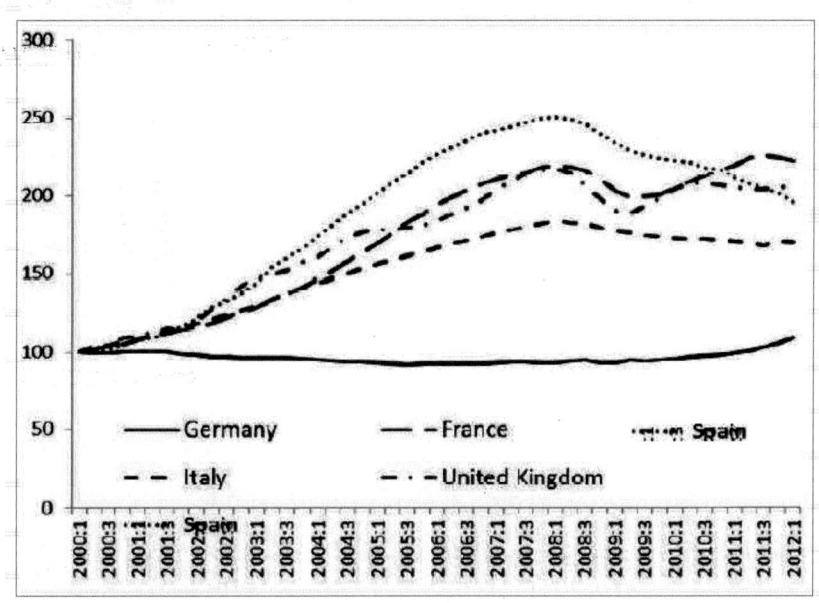

그 밖에도 공공 임대가 주가 아닌 민간 임대가 주요 공급원이었다는 것도 특징입니다.

독일 민간 공급이 49%로 영국 18%, 프랑스 21%보다 배 이상 높습니다.

그리고 생산가능인구와 인구감소가 주택에 대한 수요를 감소시킨 것도 중요한 원인입니다.

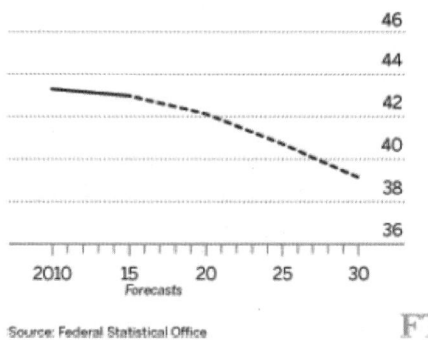

위와 같은 이유로 독일은 가계별 자산이 크지 않습니다. 대신 저축률이 상상을 초월만큼 높습니다.

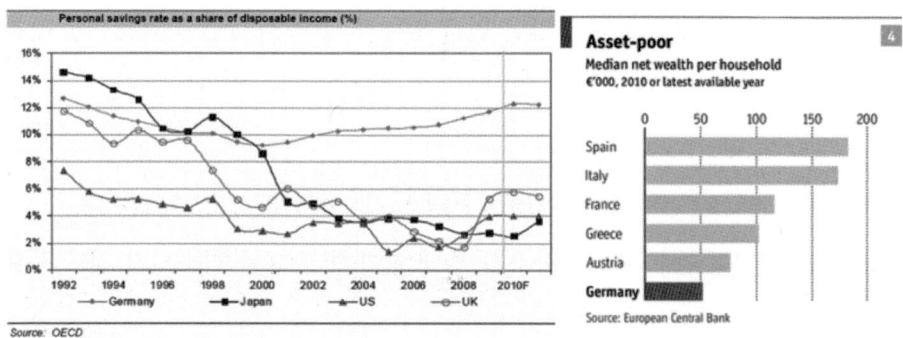

그래서 유럽에서는 가장 가난한 국민들(독일)이 부유한 국민들(그리스)에게 돈을 빌려주었다는 농담이 있다고 합니다.

그런 독일에서도 변화의 조짐이 생기고 있다고 합니다.

집값이 오르고 있는데 이는 마이너스 금리의 장기화 때문에 발생한 것이라고 합니다.

또한 대도시로 몰려드는 젊은이들과 이주 노동자들로 인해 대도시를 중심으로 부동산은 급격히 오름세를 나타내고 임대료 또한 평균 10%씩 오르고 있다고 하지요.

이제는 순소득 대비 임대료 비중이 30%에 달한다고 합니다.

독일은 연간 임대료를 10% 이상 상향하지 못하게 하고 있지요.

1. 2년 미만의 부동산에 대해서는 높은 세율의 기본차익 과세를 부담해야 하고
2. 이를 피하기 위해서는 10년이상 임대를 주어야 하고 (임대료를 10년에 한번 인상 가능)
3. 임대료 인상 상한제가 엄격해서 형사처벌대상입니다.

그런데 임대료를 높이는 예외조치가 있는데

태양광 등 열효율 개조를 하게 되면 에너지 효율 투자금액의 11% 범위내에서 매년 임대료를 인상할 수 있다고 합니다.

이렇다 보니 태양광 등 열효율 개조를 하고 임대료를 높여 받는 상황이 빈번하다고 합니다.

위와 같은 이유로 2015년 이후에는 자가비율이 51.9%를 넘어섰다고 합니다.

1. 오랜 마이너스 금리
2. 임대료 인상을 제한하는 것을 회피할 수 있는 대안 등장

등의 이유로 이제 독일도 집값이 상승하고 있다는 것이지요.

또한 이사를 싫어하는 독일인의 특수성 (독일 10%, 영국 15%, 미국 22% 최근 2년동안 이사경험 가구수)때문에 자가비율이 급격히 높아지고 있다고 합니다.

도시 재생

요즈음은 도시재생이 대세인 듯합니다.

정부지원금도 있고, 여러가지 PF가 어려워지기도 해서 도시재생에 관심을 가지는 분들이 많더군요.

그런데 아쉬운 점은 전문적인 지식 없이 단순 시행업의 연장으로 바라보는 듯하는 것이 아쉽니다.

많은 사람들이 골목길을 요즈음은 선호합니다.

이태원, 홍대, 미국 오스틴, 영국 에든버래, 일본 마루노우치등입니다.

이 곳들의 공통점은 걸어서 쇼핑하고 음식을 먹는 골목길이 밀집된 곳이라는 것이지요.

홍대, 이태원 등등 골목길에 젊은 이들이 모이고, 요즈음은 유명쇼핑몰이 쇼핑몰 내에 골목길을 연상시키는 인테리어 디자인과 골목길의 음식점들을 유치하기도 합니다.

이런 골목길 상업시설은 다음과 같은 것이 필요하다고 합니다.

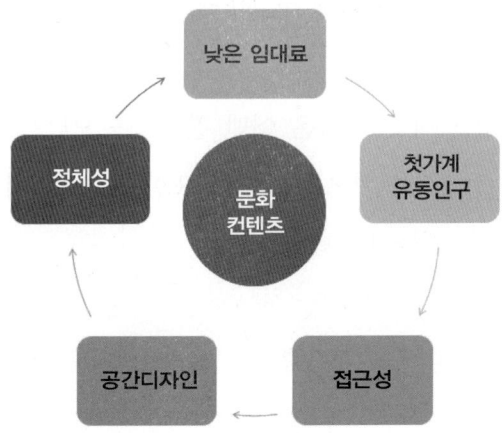

• 도시 재생

1. 첫 가게 : 사람들이 모이기 시작하는 모티브가 필요하고, 첫 가게가 성공적으로 런칭되어야 하지요. 홍대의 인디밴드 공연장이 그 예입니다.

2. 접근성 : 사람들이 골목길을 걸어서 다닐 수 있는 연계성과 접근성이 중요하다고 합니다.

3. 공간 디자인 : 공간의 디자인이 그 골목의 특색을 구성합니다.

4. 정체성 : 해당 골목길 하면 떠 오르는 정체성이 있어야 합니다.

5. 낮은 임대료 : 골목길을 유명하게 만들었더니, 건물주가 높은 임대료를 받아 그 골목길의 문화를 만든 장본인들이 떠나가게 해서는 상생의 발전이 어렵습니다. 현재의 경리단길, 이태원 등이 쇠퇴하는 것이 바로 이 이유입니다.

그래서 도시 재생을 하는 사람은 어떤 컨텐츠를 모티브로 삼을지 고민해야 하고, 그 골목길의 정체성을 확보해야 하며, 또한 지속적이기 위해 건물주와 임차인의 상생의 모습을 만들어야 합니다.

도시 재생은 이런 의미에서 재건축이나 재개발보다 훨씬 어려운 일입니다.

르코르뷔지에 아파트의 아버지

아마 우리나라의 많은 금융인들이나 일반인들은 아파트의 가격에는 관심이 있지만 아파트의 아버지가 르코르뷔지에라는 것에는 관심조차 없을 듯하군요

우리는 아파트를 재화로만 생각해서 구조, 주변환경과의 조화, 내부 공동체 등에는 관심이 없는 듯합니다.

일단 지어서 가격만 오르면 된다는 생각뿐이지요.

르코르뷔지에 스위스 태생으로 프랑스에서 활동한 건축계의

• 르코르뷔지에 아파트의 아버지

모던니즘을 이끈 세계 적인 거장입니다.

그를 20세기의 스티브 잡스라고도 합니다.

그 이전에 건축물은 주로 성당, 궁전, 귀족저택 등 부유한 사람들을 위한 아름답고, 독창적인 것만을 위해 건축이 존재했습니다.

하지만 그는 사람들의 필수재인 주거시설을 위해 많은 고민을 했습니다.

공동체 생활, 자연과의 친화성 등을 고려해 만든 건물이 바로 아파트의 시조인 마르세유에 위치한 거대 주거단지 유니테 다비타시옹(Unite d'Habitation)입니다.

많은 사람들이 편안하고 안락하게 살고 효율적으로 살 수 있는 공간을 제공하고 싶어했습니다.

그래서 철근 콘크리트를 이용한 건축물을 만들고 내부에 수영장, 정원, 커뮤니티시설 등을 만들어 아파트를 필수재로 사람들에게 의식주중에 주에 대한 혁명을 일으켰습니다.

스티브 잡스가 핸드폰으로 많은 사람들에게 정보를 제공하는 시스템을 창조했다면, 루코르뷔지에는 사람들에게 안락하고, 편안한 주거시설을 공급했습니다.

당시에 루코르뷔지에의 건물에 대해 철거소송까지 일어나면서 건축물은 아트라는 보수적인 사람들의 저항을 불러왔습니다.

이제는 유네스코에 등재되어 루코르뷔지에의 업적을 기념하고 있습니다.

루코르뷔지에는
- 자연과 인간이 공존하는 공간
- 소유가 아닌 주거의 공간이었습니다.

루코르뷔지에가 현대의 한국 아파트들을 보면 무슨 말을 할지가 궁금합니다.
그는 건축물은 사람들을 감동시키기 위해 존재한다고 했습니다.
그런데 우리나라의 건축물은 재산으로서만 존재하는 듯합니다.

• 르코르뷔지에 아파트의 아버지

지방 소멸, 그리고 빈집

마스다히로야의 지방소멸이라는 책이 있습니다.

일본의 인구 감소와 그로 인해 지방이 소멸되고 있는 문제점과 대책을 논한 책입니다.

영국 인구 문제 연구소가 세계 큰 도시중에 가장 먼저 소멸될 곳이 바로 부산이라는 지적을 한 적도 있습니다.

지방이 소멸되는 과정은 학교의 통폐합, 산부인과 감소, 생활지원시설 감소, 빈집 확대등입니다.

우리나라에서도 이미 지방에서 이런 과정이 생겨나고 있고, 이런 과정이 생겨나는 가장 큰 이유는 인구가 수도권 집중을 하기 때문이라고 하지요.

최근에 한국 고용 연구원에서 시군구 226곳중 89곳이 소멸위기라는 발표가 있었습니다.

이렇게 출산율이 지방이 수도권보다 높은 데도 소멸 위험이 높은 이유는 바로 인구 유출 때문입니다.

소멸 위험지수라는 것은 20-39세 가임여성인구수를 65세이상 인구수로 나누어 0.5 이하이면 소멸 위험지역으로 분류합니다.

• 지방 소멸, 그리고 빈집

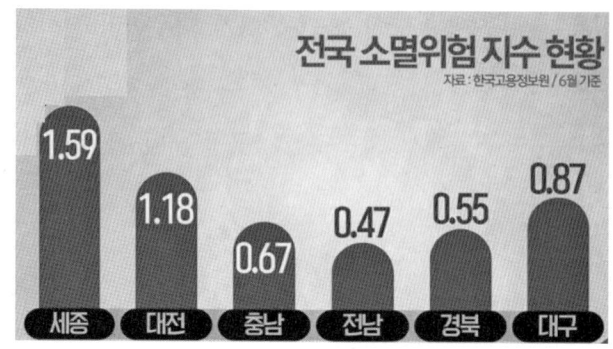

시도별로 보면 충남, 전남, 경북 등이 소멸 위험이 높은 지역입니다.

이렇게 소멸 위험지수가 높아지는 이유는 바로 인구의 이동으로 세종시로 유입되는 인구의 양이 주변 대전과 충남의 소멸 위험지수를 낮추고 있지요.

지방의 분권화, 일자리 창출, 다문화 가족의 유치 등의 다양한 솔루션을 전문가들이 제안을 합니다.

한 예로 노무현 정부시절 생겨난 지방의 관공서 배분 정책에 의거하여 혁신도시가 생겼습니다.

그런데 나주 혁신도시의 경우, 서울에서 하루에 800대의 통근버스가 공무원을 출퇴근 시킨다고 합니다.

그래서 저녁이 되면 유령도시가 된다고 하지요.

적절한 지방의 분권화와 일자리 창출 및 출산율을 높이기 위한 예산배분 등, 또한 생활지원시설의 유치 및 배분 등이 지방의 소멸화를 막을 수 있는 방법인 듯합니다.

부동산의 지방과 수도권의 양극화는 이런 지방소멸과 무관하지 않습니다.

지방소멸과 함께 인구감소와 고령화의 영향으로 사회문제화 되는 것이 바로 빈집입니다.

외국에서는 1가구 2주택이라도 부유한 층이 실거주의 목적이 많지만 한국은 부의 증식 수단입니다.

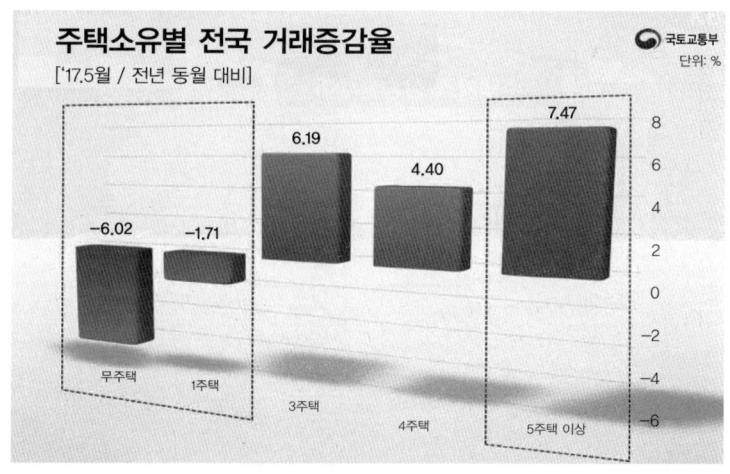

• 지방 소멸, 그리고 빈집

위의 그림만 보아도 다주택자들의 부의 증식 수단이 부동산이라는 것은 누구나 알 수 있는 사실입니다.

옆 나라 일본은 부동산 거품이 사라진 후 빈집 때문에 사회문제가 되고 있습니다.

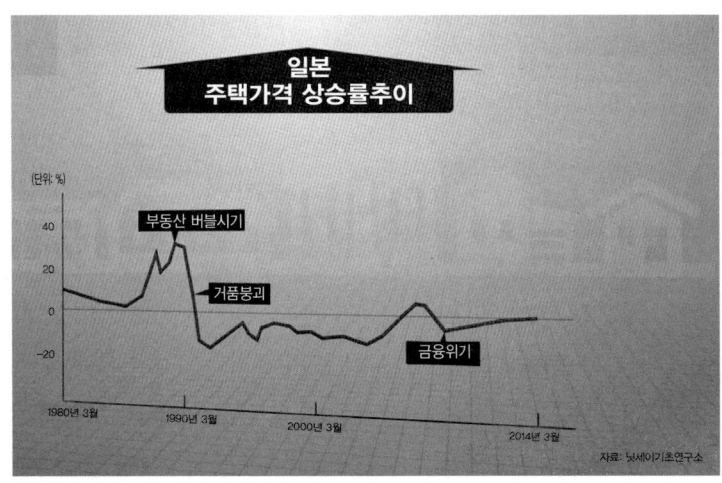

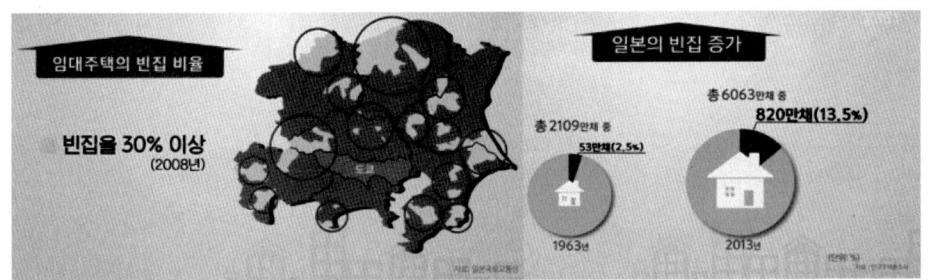

곧 빈집이 1천만호가 될 예상이며, 전체 주택 중 30%가 빈집이라고 합니다. 위성도시가 고령화 되면서 사람들이 이주하고, 자식들이 부모가 죽은 후 세금 및 관리비에 부담을 느껴서 빈집이 점점 많아진다고 하지요.

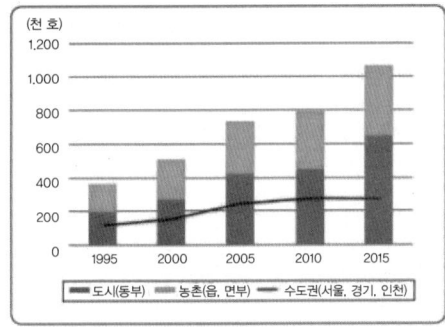

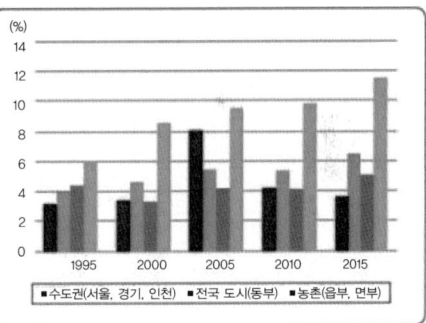

• 지방 소멸, 그리고 빈집

이는 한국 또한 마찬가지입니다.

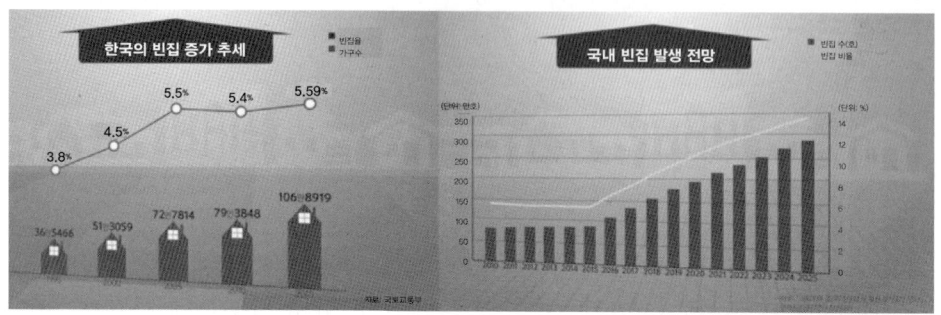

제가 강의를 할 때 마다 부동산에도 가치주의가 등장할 것이라는 말을 합니다.

이미 2010년 이후 주택보급률이 100%가 넘은 시점에 우리나라에서도 이제 지어서 팔기만 한다는 식의 시행업은 종말을 고하고 어떤 건물을 왜, 어떻게 지어서 사람들에게 어떤 서비스를 할 것인가를 고민해야 하는 시대가 왔습니다.

통일

오늘 한 언론사의 기사를 보니 젊은이들이 통일보다는 경제를 더 중요시한다는 내용의 기사를 보았습니다.

아쉬운 점은 아직도 통일을 정치적 이슈로 보고 있는 기자의 시각이었습니다.

1929년 미국의 대 공황이 발발했습니다. 1929년 10월 29일 한 사람의 주식 대량 매각에서 촉발되어 너도나도 주식을 팔기 시작하면서 촉발되었다고 하지요.

1929년 대공황은 다음과 같은 상황에서 발발합니다.

당시 미국은 포드의 자동차 대량 생산 방식이 도입되면서 대량 생산, 대량 소비의 시대가 열리고 갑자기 많은 중산층이 생겨나기 시작했습니다.

모두들 풍요한 삶을 누리기 시작했습니다. 산업혁명이후 자본가와 노동가의 양분에서 중산층의 등장으로 자본주의의 이념인 모두가 잘사는 세상이 도래한 것처럼 보였지요.

또한 세계 1차대전으로 미국은 유럽에 많은 물자를 수출하면서 더욱 빠른 성장을 했습니다.
그리고 주식시장의 활성화로 모든 기업들이 설비투자는 늘리고 고용은 줄이는 실적위주의 사업을 전개했지요.

설비는 불가역 자본이고 고용은 가역자본인 관계로 고정비를 줄이고 자산을 늘리는 설비투자와 고용감소가 기업의 실적을 높이는 유일한 방법인 시대였지요.
생산성은 높아져 대량생산을 하는데, 소비는 이루어지지 않았습니다.

1. 1차대전이후 소비할 시장이 없어졌고
2. 고용감소로 소비할 사람들의 주머니가 얇아졌기 때문이지요.

공급과잉 이것이 바로 대 공황의 이유이지요.
과잉생산 --〉 소비축소 --〉 임금삭감 --〉 실업 --〉 소비축소 --〉 기업도산
노동자는 소비자이고 실업자는 돈없는 소비자 인 것이지요.

제가 1990년대 이전에서는 생산 〈 소비인 시대였고

1990-2010년은 생산 = 소비인 시대

2010년이후에는 생산 〉 소비인 시대라고 우리나라 경제를 말씀드렸지요.

개발도상국에서 신흥국으로 그리고 선진국의 소득 3만불에 진입한 우리나라는 어쩔 수 없이 생산 〉 소비인 시대를 살게 되었습니다. 특히 인구감소가 이를 가속화시켰지요.

세계 모든 선진국들이 안고 있는 문제는 생산 〉 소비라는 문제여서 경제성장률이 1%대를 밑돌고 있습니다.

더 이상 생산해도, 더 이상 소비할 것이 없는 것이지요.

우리나라가 다시 개발도상국 시절인 1970년대로 돌아가는 것이 아니라면 말이지요.

그런데 통일 또는 북한과 경제협력이 되면, 개발도상국보다 못한 북한이라는 시장이 우리나라에 생기는 것이지요.

1970년처럼 집이 부족하고 먹을 것이 부족하고, 뭐든 만들면 팔리는 시장이 생기는 것입니다.

2009년 골드만 삭스가 통일한국 북한의 위험요소 재평가라는 리포트를 내놓은 적이 있습니다.

저도 개인적으로 관심있게 읽은 보고서입니다.

요즈음 통일에 대한 이야기가 많이 나오고 있지요.

그래서 저도 시리즈로 통일에 대한 거시경제학적인 분석을 하려고 합니다.

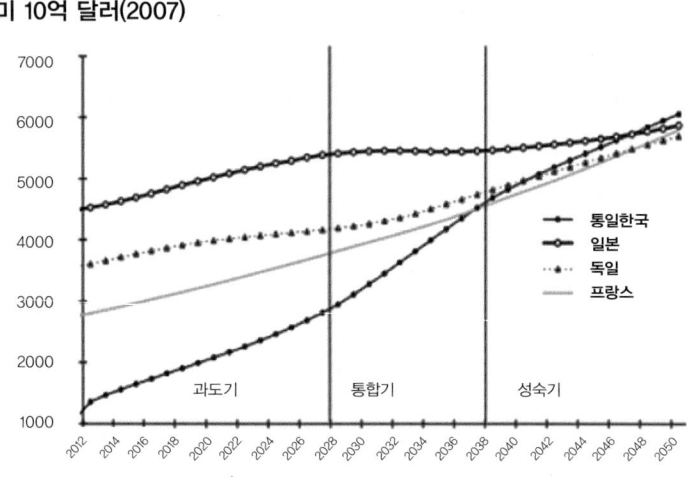

위의 그림은 골드만 삭스가 예측하는 통일시 우리나라의 GDP 성장세입니다.

미국 중국 다음의 경제대국이 될 것이라는 예측이지요.

3천조에 달라는 막대한 자원과 값싼 노동력 그리고 내수시장과 건설경기의 활성화로 급격히 국가의 부가 증대될 것이라는 것입니다.

- 다음은 리포트 요약본 내용입니다.
  - ✓ 북한 권력 세습의 가능성과 변화하는 경제적 여건을 고려해 볼 때 전쟁에서부터 막대한 통일 비용에 이르기까지 북한이 가지고 있는 위험요소를 재평가해 보아야 할 필요성이 있다.

  - ✓ 북한의 경제는 갈림길에 봉착해 있다. 즉 성장은 정체되어 있고 계획 경제 체제는 거의 무너져가고 있다고 할 수 있다. 그러나 풍부한 인적 자본과 함께 2008년 GDP의 140배 정도 가치가 있는 풍부한 광물자원, 생산성이 향상될 여지가 많다는 등의 아직 개발되지 않은 잠재력을 북한은 가지고 있다.

  - ✓ 만일 북한의 성장 잠재력이 실현되고 북한의 풍부한 광물자원도 개발된다면 통일 한국의 GDP는 미 달러화 기준으로 30년에서 40년 후에는 프랑스, 독일, 어쩌면 일본까지도 넘어설 수 있을 것으로 우리는 예상한다.

  - ✓ 우리는 북한과 남한 사이의 통합은 갑작스러운 독일의 통일 형태보다는 점진적인 중국과 홍콩의 형태와 유사하기를 기대하고 있다.

✓ 적절한 정책이 뒷받침된다면 남한과 북한의 통일 비용은 감당할 수 있는 수준으로 줄일 수 있을 것이다.

적절한 정책이 뒷받침 된다면 북한과의 통일 과정에서 소요되는 통일 비용은 우리가 감당할 수 있는 수준으로 줄일 수도 있을 것이라고 전망했습니다.

즉 독일의 통일 방식이 아닌, 중국과 홍콩의 통일 방식을 따르는 것이 통일비용을 감당하기에 더욱 효율적이라고 제언했습니다.

일부에서는 통일을 반대하는 기득권도 있습니다. 막대한 통일비용의 부담과 그로 부터 발생하는 불확실성 때문에 지금이 좋은데 왜 위험을 감수하느냐는 식이지요.

하지만 한국경제는 저출산 고령화 그리고 저성장, 저물가가 고착화 되고 있습니다.
돌파구가 없다면 그 끝이 보여갑니다.

통일은 어쩌면 한국 경제의 새로운 구세주가 될 것입니다.

통일은 정치적 논리가 아니라

저성장의 늪에 빠진 우리나라를 구할 수 있는 유일한 경제정책인 것이지요. 보수와 진보의 논리가 아닌 경제를 살리기 위해 통일이 필요한 것입니다.

공평과 공정

공평은 영어로 equality 공정은 equity라고 합니다.

우리나라는 토지의 97%를 10%가 소유하고 있습니다.

국민의 44%는 무주택자이지요.

상위 10%가 전체 소득의 50%를 차지합니다.

그런데 더 큰 문제는

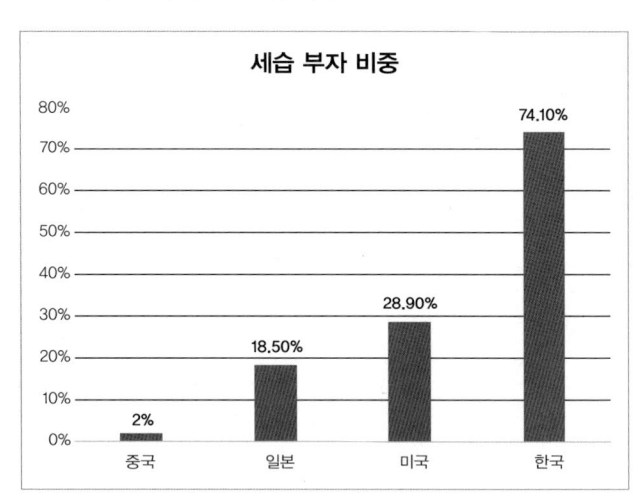

부의 세습입니다.

전세계 부자 중 상속이나 증여로 부자가 된 사람의 비율을 조사한 결과입니다. 한국은 그래서 흙수저, 금수저라는 말이 나오는 것이지요.

북유럽 국가에서는 가진 자가 더 많은 세금을 내는 것을 미덕으로 알고 있습니다.

한 예로 핀란드 백만장자 핀리틸라 재벌그룹의 야리 바르 회장은 교통 위약금으로 2억원을 내야 했습니다.
제 아들이 핀란드 재벌이 스위스에서 속도위반을 했는데 1억원의 벌금을 추징했다는 말을 들은 적이 있습니다.

• 공평과 공정

이들은 자기들이 더 내는 세금이 복지에 쓰이고 이것이 공동체를 유지하기 위한 중요한 정책이라는 것에 이의를 제기하지 않습니다.

누구나 세금을 공평하게 같이 나누어 내야 한다는 것은 맞지 않습니다.
세금은 공정하게 내어야 하는 것이지요.

우리나라는 부의 편중이 부동산에 집중되어 있습니다.
부동산의 가격이 오를 수록 부의 불균형은 더욱 극심해집니다.

언론이나 기득권이 공평을 외치면, 공정해야 하는 공동체는 파멸할 수 있습니다.

살아남는 자 강한자란

밴 베일런이라는 학자는 찰스다윈의 진화론에 대하여 추가하여 붉은 여왕 가설이라는 것을 주장했습니다.

"모든 생명은 진화를 하지만 진화의 속도에 차이가 난다. 진화의 속도에 적응하지 못하는 종은 99% 멸종했다"라는 것이 요지입니다.

우리는 강한자가 살아남는 다고 합니다.
우리는 똑똑한자가 살아남는 다고 합니다.
중국의 고서 사마의에서는 살아남는 자가 강한자라고 합니다.

그런데 현대에서는 강한자도, 똑똑한자도, 살아남는자도 강한자가 아니라
변화의 속도에 대응해서 변화하는 노력을 하는 자가 강한자라고 합니다.

제가 직원들과 제자들에게 책을 읽고 보고서를 보고 세상 돌아가는 이야기를 알기 위해 인문학, 사회학에도 관심을 가지라고 이야기합니다.

그런데 사람들은 자기가 해온 일에만 몰두하고 그것이 세상의 전부인 것으로 알고 있지요.
마치 지구는 평평해서 가다보면 낭떠러지라고 생각하는 것과 같습니다.

지난 수천년간의 발전이 단 100년만에 모든 것이 변화되었고
지난 100년의 세월이 단 10년만에 바뀌었습니다.
그리고 기하급수적으로 세상은 변화의 속도를 높여가고 있습니다.

변화의 속도에 대응하지 못하는 사람은 도태될 수 밖에 없는 세상입니다.

이상한 나라의 엘리스에서 숲속의 붉은 여왕은 계속 뛰고 있습니다.
주변이 계속 변화하고 있기에 뛰지 않으면 숲을 벗어날 수 없습니다.

그런데도 아무리 뛰어도 제자리이지요.
이유는 주변도 같이 뛰고 변화하고 있기에 단 한걸음도 앞으로 나가지 못하는 것입니다.

젊은 제자 여러분 나이든 세대와 다르게 여러분의 세대는 변화의 속도가 더 빠릅니다.
정말로 붉은 여왕의 손을 잡고 아무리 뛰어도 앞으로 나가지 못합니다.

나만의 변화의 속도에 대응하는 전략이 없으면 결국 주변의 속도에 자기의 속도가 느려져서 점점 더 뒤로 쳐지게 될 겁니다.

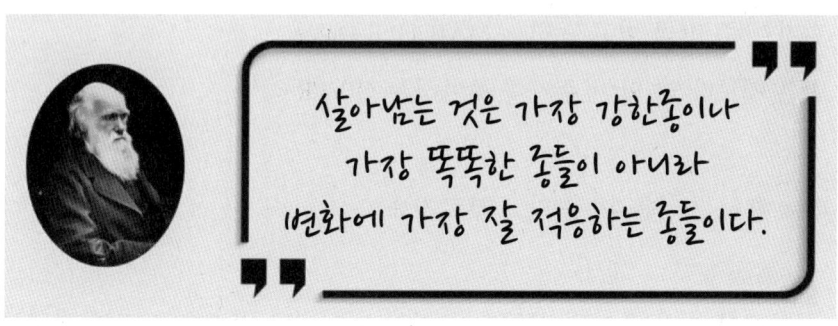

• 살아남는 자 강한자란

열매 맺지 못하는 곳에 씨를 뿌리지 말라

저의 선지자인 제 아내가 저에게 가르쳐준 성경 말씀입니다.

우리는 흔히 세가지 유형의 사람을 보게 됩니다.

1. 자기가 준 것보다 더 받고 싶어하는 TAKER (테이커)
2. 자기가 준 만큼 받고자 하는 MATCHER (메쳐)
3. 받은 것보다 더 많이 주기를 좋아하는 GIVER (기버)

우리는 흔히 기버를 "호구"라고 부르지요.

한 실험에서 기버는 업무 성취도가 가장 낮았지만 반대로 성공할 확률도 무척이나 높았습니다.

테이커는 자기에게 도움을 줄 수 있는 사람에게만 전략적으로 접근합니다. 따라서 진심어린 관계를 맺을 수 없지요.

반면 기버들은 댓가없이 남에게 호의를 베풀기에 도움을 받은 사람들은 가능하면 기버를 도와주려고 하는 마음이 있습니다.

실패하기 쉬운 호구 기버와 성공하는 기버의 차이는 무엇일까요.

예를 들지요.
컨설팅 회사에 근무하는 두사람이 있었습니다.
한사람은 일을 너무 잘하고 남들과 좋은 관계를 맺고 남들 일도 솔선수범해서 도와줍니다
하지만 이 사람은 임원승진에 실패했지요.
이유는 주변에 "NO"라는 말을 못하고 고객을 압박하는 데 능숙하지 못했기 때문입니다
바로 실패한 기버인 셈이지요.

다른 컨설팅 회사에 근무하던 친구는 회사에 입사하자 정보와 검색체계가

• 열매 맺지 못하는 곳에 씨를 뿌리지 말라

없다는 것을 알고
　정보를 검색하고 다른 사람들과 공유하기 시작했지요.

　곧 그 회사의 모든 검색 체계와 정보는 그를 중심으로 돌아가게 되었고 자기의 업무를 남들과 공유하여 남들에게도 남을 도울 수 있고, 자기의 과중한 부담을 막았던 것이지요
　그는 31살에 최연소 임원이 되었고 지금도 승승장구 하고 있습니다.

　"일을 도와줄 수 있는 사람이 내가 유일할까?"
　성공한 기버는 내가 그 일에 적합한 유일한 사람이라는 생각을 버립니다.
　그리고는 사람들끼리 서로 돕도록 연결해 주기 시작합니다.

　테이커는 베풀 때마다 항상 대가를 받으려고 합니다
　항상 되돌려 받으려 하지 않지만 남에게 빚을 떠 안겼다고 생각합니다.

　실패한 기버는 자신의 이익에 대한 욕구가 현저히 낮습니다.
　성공한 기버는 베풀고 자신도 이익을 챙기려 하고 자신의 이익이 당장은 아니어도 언젠가는 나타날 일만 하며 주변을 성공한 기버가 되도록 노력합니다.

　제가 사는 방식이고 목표인 셈이지요.

성공한 기버가 목표입니다.
그래서 열매를 맺지 못하는 곳에는 씨를 뿌리지 않습니다.

부동산 금융에서 테이커도 아니고 매쳐도 아니며 기버도 아닌 사람이 바로 브로커입니다.

그리고 일반적인 금융기관에 근무하는 사람들은 매쳐를 가장한 테이커이지요.

모든 시행자는 테이커이며, 그나마 올바른 시행사라고 평가를 받는 사람이 매쳐이며, 기버는 본 적이 없네요. 불행히고 기정 정세권 옹 말고는…………

여러분은 테이커인가요, 매쳐인가요 아니면 기버인가요. 한번 생각해보세요

• 열매 맺지 못하는 곳에 씨를 뿌리지 말라

기정 정세권, 한국인 최초의 가치주의 디벨로퍼

저의 저서 "나는 디벨로퍼다"에서 소개한 기정 정세권씨를 다시한번 소개하려고 합니다.

디벨로퍼

디벨로퍼의 사전적 정의는 다음과 같습니다.
"토지를 매입해 건물을 개발하고 매도 또는 임대해 자본을 축적하는 사업가"

제가 생각하는 디벨로퍼는 다음과 같습니다.
"도시의 미관을 개선하고, 시민들의 주거환경을 개선하며, 적절한 주택과 건물을 공급하여 삶의 질을 높여주는 사업가"

그래서 한국의 많은 시행사를 디벨로퍼라고 부르지 않습니다.

제가 한국에 귀국해서 부동산 금융을 하는 금융인들이나, 시공사에 근무하는 많은 사람들의 목표가 시행업을 하는 것이더군요.

이유는 단 하나 적은 자본으로 많은 자본을 축적할 수 있다는 것이었습니다.

그리고 제가 읽은 한국의 디벨로퍼들이라는 책을 읽으면서도 실망을 한 이유는 그 누구도 디벨로퍼의 중요한 덕목 중에 하나인 도시미관이나, 시민들의 삶의 질 향상을 생각하기 보다는 어떻게 돈을 벌었다는 자기개발서와 같았기 때문입니다.

이제부터 세계의 디벨로퍼들과 우리나라 최초의 디벨로퍼를 소개하겠습니다.

세계의 디벨로퍼들

19세기 중반 파리 시장 오스만은 유럽 최초의 디벨로퍼라는 칭송을 받습니다. 20년에 걸쳐 파리를 개조했는데, 파리를 불도저로 밀어서 서민주거지역이 파괴되었고, 주택임대료가 폭등하는 등 각종 사회문제가 발행하였지요.

• 기정 정세권, 한국인 최초의 가치주의 디벨로퍼

하지만 주거시설을 별도부지로 이전하고, 파리를 랜드마크가 우뚝 서있는 지금의 도시로 만든 장본인이고 세계인들이 모두 닮고 싶어하는 도시로 만든 장본인입니다.

반대로 비난을 받는 악덕 자본가 디벨로퍼들도 있었습니다. 미국의 제리빌더라 통칭되던 디벨로퍼들이었습니다.
19세기 중후반 유럽의 이민자들이 일자리를 찾아 미국으로 대거 유입이 되었지요.

당시 주택에 대한 규제가 허술한 틈을 타서 통풍이 안되고, 비위생적인 아파트식 건물을 만들어 노동자에게 공급한 디벨로퍼들입니다.

가급적 방수를 늘려 노동자들이 최대한 많이 기거 할 수 있게 하여 이익을 극대화하는 데에만 몰두한 디벨로퍼들이 었습니다.

결론은 디벨로퍼라는 말을 들으려면 이익이 최우선이 되어서는 안된다는 것입니다.

자기가 제공하는 건물이 삶의 질을 높여주고, 도시의 미관을 향상시키는가에 대한 고려가 있어야 디벨로퍼라는 말을 들을 수 있는 것입니다.

한국 최초의 디벨로퍼

지금도 많은 사람들이 시행업을 하고자 합니다. 심지어는 부삽 한자루만 있어도 은행에서 돈을 빌려 시행업을 할 수 있고 잘만 되면, 분양만 잘되면 떼돈을 벌 수 있다고 많은 금융인들도, 시공사 직원들도 그렇게 생각합니다.

제가 여기에 소개하는 한국인 최초의 디벨로퍼가 어떠한 생각으로 부동산을 개발했는지, 여러분에게 다시 한번 생각할 기회가 되었으면 합니다.

⏐ 일제 강점기

• 기정 정세권, 한국인 최초의 가치주의 디벨로퍼

위의 짙은 색 중 검은 색으로 둘러 싸인 곳이 한양 도성입니다. 이후 한성은 팽창했고, 현재의 더욱 팽창한 모습을 가지게 되었지요.

그리고 1910년 일제 한일 합방이후 일본일들의 한양 주거지 변화입니다.

처음에는 충무로 1가 일본 영사관 근처에서 살던 일본인들은 한일합방이후, 남대문까지 지역을 넓혀갔습니다.

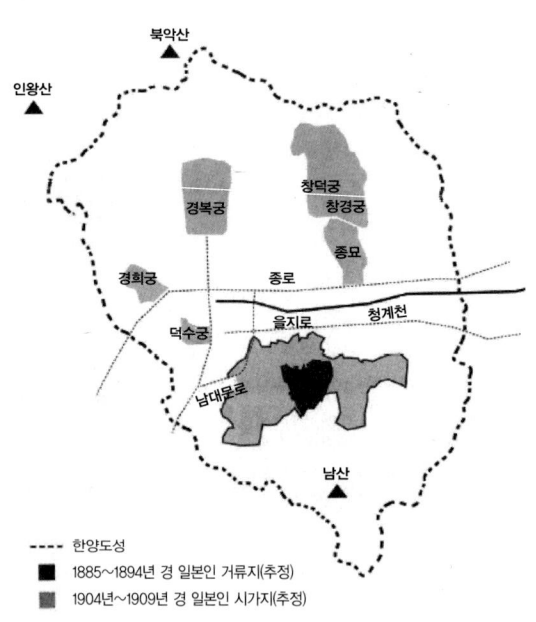

그래서 1920년도에는 남촌은 일본인, 북촌은 조선인이 살게 되었지요.

그런데 일본인의 수가 폭발적으로 증가하게 되었습니다.

또한 전국에서 토지를 일본에 약탈당한 소작인들이 대거 도시에 유입되면서 경성의 인구는 25만명(1920), 39만명(1930), 44만명(1935)으로 76%가 늘어났고, 경성 토지의 16%만이 조선인이 소유한 토지이고 나머지는 대부분 일본인이 막강한 자본력을 앞세워 토지를 소유했습니다.

일본인들은 늘어나는 일본인들을 위해 주거지가 필요해서 조선인들이 소유하고 있던 북촌, 지금의 종로구, 혜화동, 인사동을 호심탐탐 노리고 있었습니다.

그래서 이런 일본인들의 북촌 지역 침략을 분쇄한 한국인 최초의 디벨로퍼가 있습니다.

당시 건축왕이라고 불리웠던 기농 정세권씨였습니다.

일제시대 조선에는 3대 조선왕이 있었는데, 유통왕이라 불리우던 화신백화점을 소유한 박흥식씨, 광산왕이라 불리우던 최창학씨, 그리고 건축왕 기농 정세권씨 였습니다.

• 기정 정세권, 한국인 최초의 가치주의 디벨로퍼

정세권씨는 경성에 유입되는 많은 조선인들의 주택문제를 해결하고 일본인들의 북촌으로의 북진을 막기 위해 어려운 싸움을 해야 했습니다.

우선 당시 주택은 한옥, 일본식, 서양식 3종류가 있었는데, 이중 한옥이 건축비가 제일 저렴한 반면에 은행에서 대출을 하려면 담보비율이 20-30% 밖에는 인정이 되지 않아 다른 양식의 건축물에 비해 1/3수준이었습니다.

즉, 현대적으로 말하면 레버리지 효과를 볼 수 없었던 것이지요.

그래서 정세권씨는 한국민의 정서를 보존하며, 늘어난 조선인들의 주택을 해결하기 위해서 주택의 구조를 변경하였습니다.

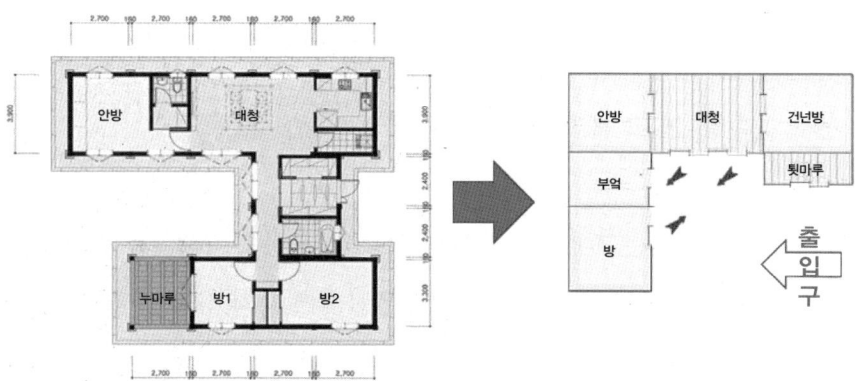

100평 짜리 집을 이렇게 20평짜리 집으로 나누어 많은 사람들이 살수 있는 공간으로 개조를 했지요.

좁은 면적에 맞춰 효율적인 배치와 내부구조변경에 집중해 전통한옥의 독립적인 안채, 사랑채, 행랑채들이 트인 ㅁ 자형에 모두 압축되게 설계를 한 것입니다.

위생시설인 화잘실이 한옥안으로 들어오고 부엌이 입식구조로 바뀌어 위생과 편리성을 높였습니다. 외부공간이었던 대청마루는 내부공간인 거실로 변경되었고, 한옥의 바깥처마까지 방의 벽면을 확장해 수납공간이 적다는 한옥의 단점을 보완했습니다.

• 기정 정세권, 한국인 최초의 가치주의 디벨로퍼

그래서 우리가 흔히 보는 전통한옥이 탄생한 것입니다.

골목에서 돌을 던져 여자를 불러내는 낭만스러운 풍경은 한옥의 면적을 최대한 효율적으로 쓰려고 했던 정세권씨의 작품이 었습니다.

우리 전통한옥은 조선인의 토지를 지키고 늘어나는 경성에 유입되는 가난한 조선인들을 위한 주택개발을 위한 발상이었습니다.

이는 100평짜리 집을 살 돈은 없으나, 20평짜리 집을 살 수 있는 5명에게 판매를 하여 분양율을 높이고, 한명이 100평에 월 임대료 100만원을 낸다면, 5명이 5채에 월임대료 22만원을 낼 경우, 총 임대료 수입은 110만원으로 수익률 면에서도 10%가 높은 것입니다.

디벨로퍼로서 일본인들에게 북촌 토지를 지켜내고, 저소득자 들에게 주택을 공급하고, 효율적인 구조로 삶의 질을 높여준 디벨로퍼로서의 모든 덕목을 갖춘 사업가라 할 수 있습니다.

많은 젊은이들이 시행업을 하기를 희망합니다.

단지 떼돈을 벌 수 있다는 일념으로요.

하지만 진정한 디벨로퍼는 그러한 대박의 꿈을 가진 사람들을 의미하지 않습니다.

자본주의 사회에서 돈을 벌지 않는 다는 것은 있을 수 없지만, 디벨로퍼라는 타이틀을 가지려면 시민들의 삶의 질, 도시 미관, 그리고 자기가 건축한 건물에 대한 자부심이 있어야 한다고 생각합니다.

정세권씨는 조선물산장려회 등에 대한 후원과 우리나라 최초의 병원을 짓기도 한 애국자입니다.

이 분이야 말로 우리나라 최초의 위대한 가치주의 디벨로퍼라 칭송받아 마땅하고 현대의 많은 시행업(돈만 생각하는)을 꿈꾸는 젊은 이들에게 많은 교훈을 주는 분이라 생각합니다.

• 기정 정세권, 한국인 최초의 가치주의 디벨로퍼